弁護士の現場力

―事件の受任から調停終了までのスキルと作法―

家事調停編

髙中正彦・堀川裕美・西田弥代・関 理秀 著

ぎょうせい

は し が き

「固い離婚の意思も豹変することがあるから、離婚ありきで考えない」「調停待合室で大きな声で事件方針を話しているとスパイに筒抜けとなる」「有利な面会交流を獲得するには詳細な陳述書を作成する」「戸籍謄本を取り寄せるときには取得済みのもののコピーを付けると重複がない」「登記ができない遺産分割調停条項を作らないよう司法書士に相談する」……このような調停現場における対応については、巷間あふれている新人・若手弁護士向けの入門書や手引書にはほとんど記載されていない。

本書は、2018（平成30）年12月に刊行した『弁護士の現場力－民事訴訟編』の続編として、新人・若手弁護士を主な読者対象として、家事調停の現場において留意する点は何か、何をすべきか、こういうことをすると失敗するというノウハウや実践経験を豊富に叙述することに徹した書物である。『弁護士の現場力－民事訴訟編』が幸いにも好評を得ているようなので、本書は、それとの一体性を明らかにするため、『弁護士の現場力－家事調停編』と名付け、表紙も色が違うだけの装丁とした。

本書の構成は、別稿にあるとおり、代表的な家事事件である離婚調停と遺産分割調停を取り上げ、受任から調停成立後までにおける4つの場面（Act＝幕）を設定し、それを若手弁護士の独白（Monologue）と前口上（Prologue）から始めた上、さまざまな場（Scene）においてアドバイスや実践経験を「現場力」として満載した。読者の皆様には、本書から、自分は何をするか・何をしてはいけないかを学び取っていただきたいと考えている。なお、考え方が分かれるテーマについては、ベテラン・中堅・若手の各弁護士が自説を戦わせる場面（Intermezzo＝幕間狂言・間奏曲）を設けてみた。どの考え方にも一理があり、興味深く読んでいただけるものと思っている。

本書の執筆陣は、『弁護士の周辺学』『弁護士の現場力－民事訴訟編』と同様、弁護士経験約10年の堀川・西田・関の3名が核となり、弁護士経

験約40年の髙中が全体を統一する役割を担って執筆した。各人の個性が色濃く出ている部分もあるが、それがかえって本書の特色でもあると考えている。上記2冊とともに、座右に置いて参考にしていただきたいと念願している。

　終わりに、本書の企画から校正に至るまで、株式会社ぎょうせいの皆様には大変にお世話をいただいた。ここに厚くお礼を申し上げる。

　2019（令和元）年11月1日

髙　中　正　彦

堀　川　裕　美

西　田　弥　代

関　　理　秀

本書の構成

◆本書は、若手弁護士が代表的な家事事件である離婚または遺産分割の調停事件を受任し、依頼者との打合せを経て調停を申し立て、裁判所の調停期日に出頭して協議を重ね、ついには合意にこぎ着けて調停成立に至り、逆に、合意に至らずに訴訟または審判に移行するまでの一連の手続を、それぞれ4つのAct＝幕に分解し、それぞれにおいて、現場でなすべきこと、してはいけないこと、注意をすべきこと、すなわち「現場力」を叙述している。

＊

◆本書の幕と場は、オペラの場面展開を念頭に置いて命名したが、各Actの内容を概観すると、次のとおりである。

【離婚調停】

◇Act Ⅰ＝第1幕　事件受任の場面にて

　　新人のQ弁護士は、①知人の紹介である女性から離婚の相談をしたいと言われた場面、②夫の不貞に悩む妻から離婚の相談を受けた場面、③夫のDVに悩む妻から離婚の相談を受けた場面、④不貞を働く有責配偶者から離婚の相談を受けた場面、⑤未成年の子がいる夫から離婚の相談を受けた場面という5つのScene＝場に遭遇する。

◇Act Ⅱ＝第2幕　離婚調停の場面にて

　　Q弁護士は、依頼者から離婚事件の委任を受け、①調停申立書を作成する場面、②依頼者の別居後の生活を考える場面、③調停期日に調停に出頭する場面、④調停の席上で調停委員とやりとりをする場面、⑤調停の不成立を見極める場面という5つのSceneに遭遇する。

◇ Act Ⅲ＝第3幕　調停期日と調停成立の場面にて

　　Q弁護士は、調停を重ねていき、いよいよ、①子の親権者と養育費を決定する場面、②面会交流について取り決める場面、③財産分与を取り決める場面、④慰謝料を決定する場面、⑤年金分割をする場面、⑥調停条項を作成する場面という6つのSceneに遭遇する。

◇ Act Ⅳ＝第4幕　調停成立後の場面にて

　　Q弁護士は、苦労を重ねて調停を成立させた後、①離婚届を提出する場面、②子の引渡しを求める場面、③養育費の未払いに対応する場面、④面会交流の拒絶に対応する場面、⑤調停が不成立となったときの提訴の準備をする場面という5つのSceneに遭遇する。

【遺産分割調停】
◇ Act Ⅰ＝第1幕　事件受任の場面にて

　　Q弁護士は、知人から遺産分割の事件を紹介され、①相続人を確定させる場面、②相続人の範囲についての紛争を処理する場面、③相続財産を確定する場面という3つのSceneに遭遇する。

◇ Act Ⅱ＝第2幕　調停申立てに向けた準備・調停期日の場面にて

　　Q弁護士は、遺産分割の調停申立てをすべく、①遺言の有効性を判断する場面、②適切な手続を選択する場面、③調停申立てをして、調停期日を進める場面という3つのSceneに遭遇する。

◇ Act Ⅲ＝第3幕　調停成立を見据えた場面にて

　　Q弁護士は、遺産分割調停を進めていった結果、合意が成立しそうな状況となり、①遺産分割方法を決定する場面、②遺産の取得者等を決定する場面、③調停条項を作成する場面、④調停を成立させる場面という4つのSceneに遭遇する。

◇ Act Ⅳ＝第4幕　調停成立後の場面にて

　　Q弁護士は、大変な苦労の末に遺産分割調停を成立させたものの、①相続登記をし、預金を払い戻し、相続債務を弁済する場面、②遺産から生じた賃料を清算する場面、③調停成立後の税務処理をする場面、④次の相続に備えた遺言を作成する場面という4つのSceneに遭遇する。

＊

◆各Actについては、まず、幕が上がると同時にMonologueとしてQ弁護士が抱える悩みや不安などを赤裸々に独白してもらい、その幕全体の雰囲気作りをすることにした。また、各Sceneの冒頭においては、Q弁護士がPrologue＝前口上を述べて、どのような場面が始まるのかを告げるようにした。

＊

◆各Actの末尾には、ぜひ知っておいてもらいたい事項を簡潔に記載した現場力のEssenceを置いている。ここだけを拾い読みしても、十分に有益な実務のヒントを得ることができるものと自負している。

＊

◆オペラでは、一つの幕が降りると休憩に入り、暫しロビーでワインなどを飲みながら歓談することになるが、本書では、Intermezzo＝幕間狂言あるいは間奏曲として、ベテラン弁護士の白森弁護士、中堅弁護士の赤林弁護士、若手弁護士の緑木弁護士の3名が一つのテーマを巡って自説を闘わせるコーナーを設けた。まず、ベテラン弁護士が口火を切り、中堅弁護士が異論を述べ、若手弁護士が反論するというスタイルとし、考え方の違いを浮き彫りにするように努めた。

各弁護士のイラストを付けているが、それぞれのイメージは、次のようなものである。

白森弁護士

弁護士40年目のベテラン男性弁護士である。多くの企業の顧問を務め、公的組織の委員等にも就いている。勤務弁護士5名を雇用して、企業からの依頼事件をメインに処理している。弁護士会でも重鎮の存在となっている。

赤林弁護士

弁護士25年目の中堅女性弁護士である。弁護士40名の共同事務所のパートナーとなっている。幅広い人脈を活かしてさまざまな事件の依頼を受け、依頼者の評価も高い。弁護士会の委員会にも積極的に参加している。

緑木弁護士

弁護士5年目の若手男性弁護士である。3年の勤務弁護士を経て独立し、同期の弁護士と2名で小規模な事務所を運営しているが、独立2年目を迎え、事務所経営の難しさを痛感している。アグレッシブに事件を獲得し、処理している。

Contents
弁護士の現場力 家事調停編
事件の受任から調停終了までのスキルと作法

⚖ 離婚調停

Act I 事件受任の場面にて
西田弥代

Scene i 面談前の準備をしてもらう

1. 電話でどこまで話を聞くか ……………………………………………… 5
2. 面談前に準備をしてもらう ……………………………………………… 6
3. 相手方から離婚を申し入れられているときは …………………… 7
 Intermezzo 依頼者に事前にメモを作成してもらうか【異論・反論付】 …… 9

Scene ii 夫の不貞に悩む妻の相談を受ける

1. 聴取のポイントは何か ………………………………………………… 10
2. 財産分与と慰謝料の考え方を説明する ……………………………… 11
3. 資料を収集する ………………………………………………………… 12
4. 別居を検討する ………………………………………………………… 13
5. 手続を説明する ………………………………………………………… 14
6. 直近方針を検討し、説明する ………………………………………… 14
7. 手続を選択する ………………………………………………………… 16
 Intermezzo 相手方のメール履歴をどう取り扱うか【異論・反論付】 …… 18
 Intermezzo 証拠収集のために探偵業者を使うか【異論・反論付】 …… 19

Scene

iii DVに悩む依頼者の相談を受ける

1. 聴取において注意すべきことは何か ………………………… 20
2. 別居の有無により進め方を考える ………………………… 21
3. 別居を開始する ……………………………………………… 22
4. DV法の制度を活用する …………………………………… 23

Scene

iv 有責配偶者からの相談を受ける

1. 有責性の有無の確認をする ………………………………… 25
2. 不貞相手を連れてきたらどうするか ……………………… 25
3. 相手方による証拠収集の可能性を確認する ……………… 26
4. 別居の有無と期間を確認する ……………………………… 27
5. 採り得る方針について説明する …………………………… 27

Scene

v 未成年の子がいる場合の離婚の相談を受ける

1. 事実関係を確認する ………………………………………… 29
2. 依頼者の希望を確認する …………………………………… 30
3. 手続を説明し、選択する …………………………………… 31
4. 調停までにした方がよいこと・悪いことを説明する …… 31

Act

II 離婚調停の場面にて

西田弥代

Scene

i 調停申立書を作成する

1. 申立書と提出書類を準備する ……………………………… 35
2. 申立て時に提出する書類にどこまで記載するか ………… 36
3. 相手方に対し別居後の住所を開示したくない …………… 37

4. 調停申立ての添付書類を準備する ···················· 37

5. どのような主張をするか ·································· 38

6. 併せて婚姻費用分担請求調停を申し立てるか ·········· 38

Intermezzo 調停申立書にどこまで記載するか【異論・反論付】 ······ 40

Scene
ii 別居後の生活を考える

1. 引越の準備をする ·· 43

2. 別居後の生活を考える ···································· 44

3. 婚姻費用分担請求をするか ································ 45

Scene
iii 調停に出頭する

1. 調停までに何を準備するか ································ 47

2. 第1回調停時に説明する ·································· 48

3. 依頼者本人を同行するか ·································· 48

4. DVの夫を相手方とするときは細心の注意を払う ······ 49

Intermezzo 調停期日において、控室で依頼者と話すか【異論・反論付】 ··· 50

Scene
iv 調停委員とやりとりをする

1. 要点をわかりやすく述べる ································ 52

2. 調停委員から聴取する ···································· 52

3. 調停委員による説得をお願いする ·························· 53

4. 面会交流についてやりとりする ···························· 53

5. 親権者の指定についてやりとりする ························ 54

Scene
v 調停の不調を見極める

1. 不調の時期を見極める ···································· 56

2. 調停委員が事案の整理ができているか、確認する ········ 57

3. 裁判官と話す ……………………………………………… 57

Act III 調停期日と調停成立の場面にて

堀川裕美

Scene i 子の親権者と養育費を決定する

1. 親権を取得するため、考慮要素を意識する ……………… 61
2. 養育費を決定する ………………………………………… 64
3. 調停で親権者が決まらないとき ………………………… 67
- Intermezzo 子の監護に関する陳述書の草案を
  本人に書かせるか【異論・反論付】………………… 69

Scene ii 面会交流について取り決める

1. 裁判所の基本姿勢を依頼者に説明する ………………… 71
2. 面会交流の可否、頻度・方法等を決めるため、考慮要素を意識する … 72
3. 事実関係の調査、面会の実施に向けて調整する ……… 72
4. 調停条項を作成する ……………………………………… 74
- Intermezzo 面会交流を拒絶する依頼者に
  どこまで説得を試みるか【異論・反論付】………… 77

Scene iii 財産分与を取り決める

1. 夫婦共有財産の内容を明らかにする …………………… 78
2. 財産を評価する …………………………………………… 79
3. 分割方法を協議する ……………………………………… 81

Scene
iv 慰謝料を決定する

1. 慰謝料が発生する場合について説明する ……………………………… 82

2. 慰謝料の額を決める ……………………………………………………… 83

3. 支払方法を決める ………………………………………………………… 83

Intermezzo 離婚原因の作出を立証できないときに
慰謝料請求に注力するか【異論・反論付】 ……………… 85

Scene
v 年金分割をする

1. 離婚時年金分割制度の仕組みを知る …………………………………… 87

2. 分割割合を決める ………………………………………………………… 89

3. 調停条項を作成する ……………………………………………………… 91

Scene
vi 調停条項を作成する

1. 調停の成立時期を意識する ……………………………………………… 92

2. 当事者の期日への出頭を確保する ……………………………………… 92

3. 調停条項を作成する ……………………………………………………… 93

Intermezzo 依頼者が出席したときにも
期日経過報告書を作成するか【異論・反論付】 …………… 95

Act
IV 調停成立後の場面にて
堀川裕美

Scene
i 離婚届を提出する

1. 離婚届出をする …………………………………………………………… 99

2. 氏を変更する ……………………………………………………………… 101

3. 年金分割の請求手続を行う ……………………………………………… 102

Scene

ii 子の引渡しを求める

1. 法的手続を検討する 104
2. 相手方と交渉する 106

Scene

iii 養育費の未払いに対応する

1. 法的手続を検討する 107
2. 方針を決定する 109

Scene

iv 面会交流の拒絶に対応する

1. 家庭裁判所の履行勧告にも限界がある 111
2. 面会交流を拒む理由を分析する 111
Intermezzo 養育費支払いや面会交流の不履行事案で
　　　　　どのように履行を求めるか【異論・反論付】 114

Scene

v 調停不成立後の提訴を準備する

1. 訴訟手続へ移行する 116
2. 記録を閲覧・謄写する 117
3. 訴状を準備する 117
Intermezzo 訴状をどこまで詳細に書くか【異論・反論付】 121

⚖️ 遺産分割調停

Act
Ⅰ 事件受任の場面にて
関　理秀

Scene
ⅰ 相続人を確定させる

1. 戸籍類を取り寄せる ………………………………………………… 127
2. 生存している法定相続人の住所情報を取得する …………… 130
3. 相続関係を確定させる ……………………………………………… 131

Scene
ⅱ 相続人の範囲についての紛争を処理する

1. 法定相続人の範囲を把握する ………………………………… 133
2. 相続欠格に該当しないか確認する …………………………… 133
3. 推定相続人の廃除への対応をする …………………………… 134
4. 相続放棄の有無を確認する ……………………………………… 135
5. 法定相続人不存在の場合はどうするか ……………………… 135

Scene
ⅲ 相続財産を確定させる

1. 相続財産の全体像を把握する ………………………………… 138
2. 不動産を把握する …………………………………………………… 139
3. 動産を適切に把握する ……………………………………………… 140
4. 預貯金を把握し処理する ………………………………………… 141
Intermezzo 取引履歴をどこまで取るか【異論・反論付】 …… 144
5. 株式の有無とその価値を把握する …………………………… 146
6. 投資信託の有無とその価値を把握する ……………………… 149

7. 使途不明の預貯金引出しについて不当利得が成立するかを検討する … 149

Intermezzo 依頼者の不当利得返還請求権に
どこまで向き合うか【異論・反論付】 … 151

8. 配偶者短期居住権と配偶者居住権の成否を検討する … 154

Intermezzo 遺産の不動産に無償で居住している者を
どう扱うか【異論・反論付】 … 156

Act II 調停申立てに向けた準備・調停期日の場面にて
関　理秀

Scene i 遺言の有効性を判断する

1. 遺言の形式要件を理解する … 161

2. 被相続人の遺言作成時の遺言能力の有無を検討する … 162

3. 遺言の有効性について弁護士としての判断を下す … 163

Scene ii 手続を選択する

1. 解決手法を整理してその利点と欠点を把握する … 165

2. 依頼者が遺産内容を把握している場合はどうすべきか … 167

Intermezzo 遺言がないときに被相続人の意向をどう
反映させるか【異論・反論付】 … 174

3. 依頼者が遺産内容を把握していない場合はどうすべきか … 176

Intermezzo 遺言の有効性についての依頼者の意見と
どこまで向き合うか【異論・反論付】 … 179

Scene iii 遺産分割調停の申立てをして調停期日を進める

1. 調停申立書の準備をする … 183

2. 調停申立書に添付する書類を準備する ……………………… 184

3. 調停期日を進める ……………………………………………… 185

4. 特別受益の主張を処理する …………………………………… 186

5. 寄与分の主張を処理する ……………………………………… 188

6. 特別の寄与の主張を処理する ………………………………… 189

Act III 調停成立を見据えた場面にて

高中正彦

Scene i 遺産分割方法を決定する

1. 遺産分割には4つの方法がある ……………………………… 193

2. 遺産分割方法は二次案まで用意する ………………………… 194

3. 審判となった場合の分割方法を予想する …………………… 195

4. 相続分の譲渡を活用する ……………………………………… 196

Intermezzo 遺産分割事件はなぜ長引くか【異論・反論付】………… 198

Scene ii 遺産の取得者等を決定する

1. 相続分どおりに分けるか・評価をして分けるか …………… 200

2. 不動産の取得希望がないときはどうするか ………………… 202

3. 債務を誰が負担するか ………………………………………… 202

4. 祭祀承継者を誰にするか ……………………………………… 203

Intermezzo 依頼者をどこまで説得するか【異論・反論付】………… 204

Scene iii 調停条項を作成する

1. 調停条項は依頼者に説明するために作成する ……………… 207

2. 調停条項は二次的紛争を防止するように作成する ………… 208

3. 不動産の登記が被相続人名義でない場合には注意する ······ 209

4. 換価分割の条項には細心の注意を払う ······ 209

5. 代償金を支払う条項にも注意する ······ 209

Scene
iv 調停を成立させる

1. 複数依頼者との利益相反問題を解消する ······ 211

2. 調停成立の場に立ち会う ······ 212

3. 調停調書を受け取る ······ 212

Intermezzo 遺産分割事件の弁護士報酬を
どう請求するか【異論・反論付】 ······ 214

Act
Ⅳ 調停成立後の場面にて
高中正彦

Scene
i 相続登記をし、預貯金を払い戻し、相続債務を弁済する

1. 相続登記をする ······ 219

2. 預貯金の払戻しをする ······ 220

3. 相続債務を弁済する ······ 221

Intermezzo 相続事件にどこまで付き合うか【異論・反論付】 ······ 223

Scene
ii 遺産から生ずる賃料を清算する

1. 遺産から生ずる賃料は遺産ではない ······ 225

2. どのように清算するか ······ 226

3. 遺産分割調停事件と別事件かどうかを事前に説明する ······ 226

Scene
iii 調停成立後の税務処理をする

1. 相続税の申告準備をする 228
2. 相続税の更正請求をする 229
3. 代償金の処理をする 229

Scene
iv 次の相続に備えた遺言書を作成する

1. 遺言が周知されるようになった 231
2. 公正証書遺言の作成を励行する 231
3. 遺留分侵害額の請求をする 232
Intermezzo 遺言執行者に就任するか【異論・反論付】 234

略記について

日弁連 ················ 日本弁護士連合会

職務基本規程 ········ 弁護士職務基本規程

離婚調停

Act

I

事件受任の場面にて

【離婚調停】Act I　事件受任の場面にて

 Monologue

　Q弁護士は、高校時代の友人A氏から、会社の同僚女性が離婚問題で悩んでいるので相談に乗ってほしいとの連絡を受けた。A氏は、その同僚女性と特別親しいわけではなく、どのような理由から離婚を考えているかは知らないという。A氏なら顔が広いので弁護士の知り合いがいそうだということで弁護士を紹介してほしいと言われたとのことである。離婚したい理由は、性格の不一致か、不貞行為か、暴力か、はたまた金銭問題か。

　Q弁護士は、A氏に対し、弁護士と依頼者には相性があるから、受任するかどうかは面談してみないとわからないと前置きをした上で、面談の日程調整等のために依頼者に自分の事務所の電話番号を伝えてもらいたいと依頼し、電話がある場合に備えて依頼者の名前を聞いた。

　A氏曰く、依頼者の女性は、落ち着いた感じだが意思は結構強い、40代前半の方だという。子どもはいないような気がするが、詳しくは知らないらしい。

　もう少し情報収集をしておいてほしかったと思いつつも、Q弁護士は、A氏と依頼者がそれほど親しくしていないようなので、安心した。家族や友人、そしてその仲のよい友人等からの依頼だと、方針決定の際や事案を進めるにあたり、横から茶々が入ることも多く、やりにくいときもある。先入観なく依頼者と会い、話を聞いて方針を検討できるというのは、むしろ仕事がやりやすいかもしれない。

面談前の準備をしてもらう

Prologue

　友人A氏に対して、依頼者にQ弁護士の連絡先を伝えるように言った翌日、早速依頼者から事務所に電話がかかってきた。電話に出ると、依頼者は、「Aさんからご紹介いただきましたXと申します。夫と離婚したいのですが、どうすればいいのかがわからず、悩んでいます。私は、20XX年に夫と結婚しまして、20XY年には子どもができまして……」と、結婚したときから現在までのことを早口で話し始めようとした。初めて弁護士に相談するということから、相当に緊張しているようである。

1. 電話でどこまで話を聞くか

　離婚案件は、感情の不安定もあり、面談前の依頼者に電話で説明を求めると、話がまとまらず、収拾がつかなくなってしまうことが往々にしてあります。初回面談前に電話をする（あるいは電話があった）場合は、できる限り「離婚のような話は、電話で長々話してもなかなか要を得ませんから、直接お目にかかって詳細にお話を伺いましょう」と申し向け、①面談日時の設定と②面談までに用意してもらう書類等を中心とした話のみをして、面談時に聴取をするのが効率的ですし、依頼者も頭が整理できて思ったことを十分に話すことができるといえます。もちろん、緊急な内容（今日にもまた暴力を受けそうなど）については、初回面談前の電話でも積極的に聴取する必要があることは、いうまでもありません。

　また、面談日に備えて、弁護士の方からも聞きたい内容がある場合は、依頼者に話をすべて任せず、項目を限定して弁護士の方から質問するのが

【離婚調停】Act I　事件受任の場面にて

よいと思います。たとえば、①離婚を望んでいるのか、いないのか、②配偶者と別居しているのか否か、③配偶者とはすでに離婚の話をしているのか否か、④配偶者から暴力を受けているのか否か、⑤子どもはいるのか否かなどは、事前に聞いておくと、アウトラインがわかり、後日の面談のための準備がしやすくなります。

なお、面談日まで少し時間的な余裕がある場合は、依頼者に事前に戸籍謄本を郵送してもらっておくのがよいと思います。事前に人物の関係図が手元にあると、どのくらいの年齢のどういう家庭環境にある人なのかがつかめ、面談において依頼者の話を効率よく聞くことができますし、人の関係について説明を受ける手間が省けます。

2. 面談前に準備をしてもらう

依頼者と面談前に連絡を取り合う際に重要なのが、面談までの事前準備を依頼することです。何の事前準備もしてもらわずに、一から話を聞くというやり方をしている弁護士もいます。しかし、私は、そのようなやり方は時間を無駄に使いますし、法的論点を踏まえた事情聴取にならない危険があるように思います。私が依頼者に事前準備を依頼している事項は、おおむね次のとおりです。

① 結婚から現在までの主な出来事を、時系列で記載したメモを作成し、持参してもらいます。PC環境が整っている人の場合は、事前にメールを送ってもらうとなおよいと思います。ただ、配偶者と共通のPCを利用している家庭も少なくありませんので、その点はくれぐれも注意を喚起しておくことが肝要です。

② 離婚に関係する証拠等（調査会社の調査報告書、相手方のメール、録音、診断書、その他証拠となりそうな書面等）も、手元にある限り持ってきてもらうようにします。

③ 双方の資産（預金、不動産、保険、株式、自動車等）および収入につ

｜Scene i ｜面談前の準備をしてもらう

いても、わかる範囲で、大まかでよいので、メモに書き出してもらう
とよいでしょう。

④ 法律相談のみを希望している人の場合には、法律相談料を事前に伝え
ておくと、依頼者も安心しますし、時間内に効率のよい面談をしたい
と思ってもらうこともできます。

3. 相手方から離婚を申し入れられているときは

　相手方からすでに離婚を申し入れられているとき、まずは、面談前に準
備してもらうものを的確に指示するために、依頼者が現時点で離婚を望ん
でいるか、争点がどこになりそうかを聴取します。依頼者はさまざまに考
えた挙句に意を決して弁護士に相談することがほとんどですので、離婚を
望んでいるか・争点は何かという点であれば、弁護士から聴取する方法を
採れば、電話でも比較的簡単に聞き出すことができるでしょう。

　面談前に事前に準備してもらうものですが、基本的には上記２の場合
と同様です。ただ、相手方から離婚を申し入れられている場合は、依頼者
自身が積極的に離婚を検討している場合に比べて、すでに争点が明確化し
ている場合が多いといえますから、その争点に合わせて、証拠等の持参し
てもらうものをできる限り例示しながら依頼することになります。また、
相手方にすでに相談をしている弁護士がいる場合や相手方から離婚条件を
記載した離婚合意書案を渡されている場合もありますので、そのような点
についても確認し、もし弁護士が正式な代理人として選任されているなら
ば、その弁護士の情報を収集しておき、また離婚合意書案等の書面がある
場合には、それを事前に送付してもらうと、面談が効率的になるでしょう。

7

【離婚調停】Act I　事件受任の場面にて

現場力のEssence

■ 初回の電話は、面談日時の設定と面談時に持参してもらうものを伝える

■ 電話において、依頼者からこれまでの経緯を聞くのは、最小限にする。聞くとしたら、弁護士がリードして話をする

■ 暴力を受けているなどの緊急的な状況は、すぐに聞き取る

■ 事前に結婚から別居までの時系列メモと資産に関するメモを作成してもらうと、面談が効率的になる

+ Intermezzo

異論・反論付

依頼者に事前にメモを作成してもらうか

白森弁護士

　感情的になっている依頼者は、非常に長いメモを作ってくることがある。そのような長大なメモはえてして感情の赴くままに些細なことも書き連ねてあり、読むのにとても時間がかかるし、読んでおかないと依頼者が機嫌を損ねることもあり、なかなか面倒である。私は、まずは依頼者に骨格を聞いて、できる限り面談内で状況を把握するようにしている。

赤林弁護士

　初回面談は、メモがあるのとないのでは、全く違う。時系列に即したメモがあると、面談が効率的になる。確かに、長いメモを作成してくる依頼者もいるが、事前に熟読せず、話をしながら目を通すのでもよい。依頼者の話を聞き取りながら自分が作成したメモだけだと、その後調停や訴訟になったときに、書き取り切れていなくて再度依頼者に確認することも多く、非効率である。

緑木弁護士

　私は文書を読むのが遅く、依頼者と話しながらメモを読むという器用なことはとてもできない。ただ、メモは事前に作成してもらい、できる限り面談前に送付してもらうようにしている。メモがあると、依頼者からの相談内容もある程度予測できるし、面談において話す準備もしやすいからである。

Scene ii 夫の不貞に悩む妻の相談を受ける

Prologue

　Q弁護士は、相談者のX氏に対し、面談日時を決める電話を受けた際、簡単な箇条書きの時系列メモを作成して持ってくるように指示していたのだが、面談日当日、X氏からは、レポート用紙10枚近くにわたるこれまでの経緯を詳細に記載した手書きメモを手渡された。自分の体調に関する日記のような部分もある。Q弁護士は、最大1時間30分をとっておいた面談予定時間でうまく聴取ができるか、不安になった。

　X氏のメモに目を通しながら、疑問に思ったことを聞いていく形で面談を進めていくと、意外にもスムーズに離婚を決意するまでのストーリーと胸の内を聞き出すことができた。X氏の主張するところによると、夫Y氏のバッグの中に女性もののネックレスのレシートを見つけたこと、Y氏のスマホのメールをこっそり見たら3人の女性とのやりとりがあったこと、メールの内容では、そのうちの1人の女性とは旅行に行っていたようであり、肉体関係があることは十分に推測できるが、はっきりした証拠はないことなどが明らかになった。X氏は、そのほかに、これまでY氏からは「頭が悪すぎる」「人として終わっている」「役立たず」といった人格を否定する言動を頻繁に受けていたこと、Y氏は、子どもの育児はもちろん、家事も全く手伝ってくれなかったこと等の事実が話された。Q弁護士は、離婚原因は、夫の不貞がメインであるが、DVもありそうだと思った。

1. 聴取のポイントは何か

　初回面談時に、弁護士に対して胸の中に溜まっていた話したいことを話せると、依頼者の満足度も相当に高くなってきます。そして、「人の話を親身になって聞いてくれる弁護士だ」ということで信頼関係も生まれると

思います。したがって、時系列に沿いながら話をしてもらうなど面談にあたっては依頼者のためにも効率よく聴取する工夫をしつつ、辛抱強くしっかりと話を聞くことが肝要です。「要領よく話してください」とか「あなたの言っていることはあちこちに飛んで理解が難しい」などと言ってしまうと、依頼者はますます萎縮してしまうものであることを知るべきです。物事を理路整然かつ簡潔に話せる人は、ごくごく少数なのです。

　本件のように配偶者の不貞に関する相談の場合には、不貞行為の証拠がどの程度あるか、その他に離婚事由となり得る事由が存在しないか（長期間の別居等）細かく聴取していきます。ちなみに、不貞行為を直接証明する証拠がなくても、メールやLINEのやりとりの内容等から不貞行為が強く疑われる場合は、民法770条1項5号の「婚姻を継続し難い重大な事由」に当たる可能性があります。明確な証拠がない場合に「ああ、これではダメですね。離婚できませんね」などと簡単にあきらめるような発言をせず、他方で、過度の期待を抱かせないように気を付けながら、依頼者との話を進めていきます。

　もちろん、相手方のことのみではなく、依頼者自身にも有責性がないかの確認も必要です。これを確認しないと、適切な事件処理方針が立てられません。初回面談で自分自身の有責性がないと断定する依頼者もいます。人間は、相手方を責めているときには自分自身のことには頭が回らなくなってしまうのが通例ですし、自分に都合の悪いことは隠した上で弁護士に話をする人も極めて多いのです。依頼者の雰囲気をよく観察しながら、対応していきましょう。

2. 財産分与と慰謝料の考え方を説明する

　離婚に関する初回相談の場合、財産分与とはどういう趣旨の制度なのか、財産分与と慰謝料は違うということについて、十分に説明する必要があります。離婚案件のような身近な案件については、芸能人の離婚案件で高額の離婚給付がなされたとのマスコミ報道を信じ込み、自分も高額の慰謝料が取れると思い込んでいる人がいますが、最近は、事前にネット情報で一定の法律知識を得ている場合も非常に多いといえます。しかし、ネット情

報等においては、財産分与と慰謝料を混同しているような記載がされていることも多く見られます。依頼者の勘違いを是正しないまま話を進めてしまうと、後々大きな混乱を招きかねません。

　財産分与については、簡単な説明としては、婚姻時から別居開始時までに夫婦で協力して築いた財産を清算するものであることを説明し、慰謝料については、婚姻関係を破壊した有責の配偶者が他方に対して支払う精神的苦痛に対する損害賠償金であって、一般的に依頼者が思っているより大分低い金額になることを説明しておきます。

　もっとも、このような説明をしたからといって、次回の面談時には元の木阿弥状態となって、再度財産分与と慰謝料を混同している場合は相当数あると思われます。根気よく説明を続ける必要があります。離婚事件に短気は禁物なのです。

3. 資料を収集する

　相手方と同居をしている場合で情報を収集できる可能性がある場合は、依頼者に対して収集すべき情報を提示します。

(1) 不貞行為について

　別居せず同居を続けている場合は、さらなる証拠収集を指示することもあります。

　不貞行為に関しては、それを証明できる証拠がどこまであるかが非常に重要なエッセンスです。相手方がそれほど警戒している様子が見られないのであれば、依頼者の資力によっては、調査会社の利用を提案してもよいと思います。すでに離婚を申し入れていたり、逆に申し入れられている場合は、相手方が警戒している可能性もありますので、調査会社の利用は、費用対効果を考えて慎重にならざるを得ません。調査会社の尾行調査は、かなりの費用がかかります。場合によっては100万円を大きく超えることもあります。弁護士が強く調査会社による尾行調査を勧めたために調査会社に依頼することを決断したところ、不貞に関する有力証拠が得られなかったならば、依頼者は、弁護士に大きな不満を向けてくることも予想し

なければなりません。

メールや LINE 履歴の盗み見については、後日プライバシー侵害等の違法行為であると主張される場合もあるので、弁護士から依頼者に勧めることは控えるべきですが、依頼者がすでにメール等のスクリーンショットや写真を持っている場合は、証拠化を検討してよいと思います。離婚裁判においても、通常証拠として認められることが多いといえるでしょう。

(2) 資産について

初回面談において、資産について全体像が見えることはそれほど多くありません。相手方（多くは夫）に資産の管理すべてを任せていて、資産の内容について全くわからないことも多々あります。どのような証拠があると有用か、どこまで情報が必要か（たとえば、預金に関しては、預金額までわかれば一番よいのですが、銀行名と支店名がわかれば、後日調停等で有用であることなど）、項目ごとに依頼者に提示していきましょう。

ただ、すでに別居をしている場合には、依頼者に対する説明にも注意が必要です。というのは、証拠を手に入れるために、相手方に無断で元の自宅の家に侵入し、証拠を確保しようとする依頼者が一定数存在するからです。家を出て別居を開始してしまったら、相手方の同意がない限り、自由に出入りしてはいけないということを、住居侵入罪等の犯罪に該当する可能性も含め、十分に説明しておく必要があります。

4. 別居を検討する

相手方が不貞行為をした場合の依頼者は、相手方に対し生理的に拒否反応を示し、いまだ別居をしていなくても、一刻も早く別居をしたいと願っていることが多くあります。依頼者の資力にかんがみて引越および今後の生活維持が可能か、作戦上さらに証拠を収集するためにもう少し同居を続ける方がよいのではないか等、さまざまな視点から別居の可否についてアドバイスしていきます。

しかし、相手方によっては、別居の話をした途端に逆上したり、自分の不貞証拠等を依頼者が所持していないか探索することもあるので、相手方

に告げず、別居開始日を決めて、内密に引越準備を進めることを考えても
よいかもしれません。弁護士は、依頼者の願望にただただ忠実であるだけ
では足りないのです。多角的視点からの考察が要求されます。

5. 手続を説明する

　諸々事実関係を聴取したところで、今後の相手方とのやりとりに関する
手続の説明をします。

　まずは、①本人どうしの交渉（裏で弁護士からアドバイスする場合も含
む）、②弁護士が代理人として就任した上での任意交渉、③離婚調停、そ
して④調停前置主義からの裁判について説明します。依頼者によっては、
法的手続にのせればすぐに結論が出ると勘違いしている場合もありますの
で、調停や訴訟は通常1か月に1回のペースで進んでいくことなどある
程度の時間がかかることも併せて説明しておいた方が、後々の依頼者のフ
ラストレーションも軽減されるでしょう。

　相手方のキャラクターや依頼者の資力等にかんがみて、費用対効果の高
そうな方針を依頼者が採りやすいようにアドバイスします。

　婚姻費用や養育費の算定表も積極的に活用し、手続の見通しを述べる上
で役立てます。

6. 直近方針を検討し、説明する
⑴ 離婚ありきではない場合もある

　そもそも離婚事由に該当するような証拠がない場合は、法的手続を採っ
たとしても離婚が認められない可能性も高いので、さらなる証拠収集を試
みてから再度面談するなど、慎重な対応をする必要があります。

　また、離婚相当の事案であっても、予想される財産分与および慰謝料で
依頼者が生活を維持できるかという問題もあります。依頼者の資力によっ
ては、別居して婚姻費用を得て生活費を確保しつつ、しかるべきときに離
婚を進めるということが依頼者の利益につながることもあるのです。離婚
事由の有無のみで安易に方針を決めないことが、依頼者の利益につながり
ます。

｜Scene ii｜夫の不貞に悩む妻の相談を受ける

　さらに、ほんの一定数ですが、本心では離婚をしたくないのに、離婚相談に来る依頼者がいます。調停も正式名称は「夫婦関係調整調停」というように、周囲にあおられたり、一時的な感情から少し離婚を検討したにすぎない場合については、弁護士として、離婚を積極的に勧めるべきではありません。依頼者が述べている離婚事由が一般的にはほとんど離婚事由にならない場合は特にですが、離婚手続が本当に大変なことを説明し、それを踏まえた上でも離婚するという気持ちが固まってから再度相談をするように促すなどします。私が体験した事例の中では、離婚事由にならないような配偶者に対する小さな愚痴をいくつも並べつつ（配偶者が買ってくる肉が国産のものではないなど）、たまにのろけ話としか思えない話をしてくる依頼者に、他案件のひどい事例を紹介したところ、「なんだ、うちはマシね」と納得して帰っていったケースもありました。

　特に、熟年離婚に関していえば、「死んでも財産は2分の1なのだから」と言うと「あと少しだから我慢するか」ときっぱり離婚をあきらめた人もいました。

⑵ 依頼者が取り得る問題行動について事前に注意する

　さて、別居しているにもかかわらず、無断で相手方の居宅（自分の旧宅）に侵入して証拠を得ようとする依頼者は一定程度います。前述したように、事前に犯罪になり得ることをよく説明する必要があります。無断侵入が相手方に見つかった場合、相手方によっては、弁護士が指南したと主張することもあります。懲戒リスクにもつながりますので、自分の身を守るためにも、十分に気を付ける必要があります。

　また、よく見かけるのが、不貞行為に怒るあまり、夫の会社の人や周りの人に言いふらすと息巻く依頼者です。これも、相当に感情的になっていますので、名誉棄損等のリスク、後日の交渉が難航する要因にもなりますから、非常に危険です。翻意を促すように頑張って説得するようにします。依頼者の利益にならないことを、説得的に説明しましょう。どうしても弁護士の言うことを聞いてくれない場合は、辞任も検討した方がよいかもしれません。

15

⑶ さらなる証拠の収集を試みてから方針を決定する

　すでに法的手続において必要と思われる不貞の証拠がすべて揃っている場合もありますが、そこまではいっておらず、かつさらなる証拠が収集できる可能性がある場合は、依頼者にもう少し頑張ってもらうようにします。証拠があるとないとでは、相手方に対する交渉方針が全く異なります。相手方が財産を管理している場合であっても、相手方作成の資産表が出てきた事案もあります。もう一度よく探すように指示し、また、銀行や保険会社等の金融機関からの郵送物については注意してその発送元をチェックしておいてもらうようにします。ただし、郵便物を開披すると、相手方から疑われたり、その後の交渉過程で無断開披が争点になったりしますから、開披しないように注意しておくことも忘れないようにしたいものです。

7. 手続を選択する

　依頼者に、弁護士に委任するだけの資力がある場合（または、相手方からの回収可能性がある場合）で、相手方と円満な話し合いができそうにない場合は、できる限り弁護士が受任することが、依頼者の利益に資するでしょう。

| Scene ii | 夫の不貞に悩む妻の相談を受ける

現場力の Essence

■ 初回面談は、効率よく聴取する工夫はしつつ、辛抱強くしっかり話を聞く

■ 不貞行為の証拠があるかについてよく確認する

■ 依頼者の有責性もよく確認する

■ 慰謝料と財産分与の別をよく理解してもらう

■ 収集すべき情報を提示する

■ 依頼者が相手方と別居している場合は、相手方の承諾なく家に入らないように注意！

■ 翻意したい依頼者もいるから、離婚ありきで考えない

Intermezzo

相手方のメール履歴をどう取り扱うか

異論・反論付

白森弁護士

　あまり使いたくない。配偶者であれ、メールの履歴を見るのはプライバシーの侵害であるし、この履歴を取得したこと自体でもめることもある。違法収集証拠とも主張し得るし、実際にそのように主張されたこともある。

赤林弁護士

　積極的に使う。裁判でも一般的に使われているし、夫婦間であるから、特にプライバシー侵害については考慮しない。さすがに、性行為や陰部の写真等、これまで懲戒請求等の問題になったことがあるような写真については、その内容から、提出は控えるが。

緑木弁護士

　フェアプレーの精神からは、あまり利用したくないのが本音である。ただ、他に証拠がない場合はそうも言っていられない。他の証拠との兼ね合いで出さなければ不貞行為を立証できない場合等は、提出してしまうと思う。

異論・反論付

⊕ Intermezzo

証拠収集のために探偵業者を使うか

白森弁護士

探偵業者の調査が相手方に判明し、刑事事件になった事例もあるし、懲戒事例もあるから、探偵業者の利用には消極的である。しかも、探偵業者の費用は高くなりがちである。空振りすることも多いのだから、依頼者に使った方がよいかどうかを聞かれた場合は、200万円とか300万円かけても空振りすることもあるのだから、費用対効果をよく考えるように諭す。

赤林弁護士

依頼者の資産状況によっては、考える。他に確たる証拠がなく、相手方が離婚に応じないことが見込まれる場合は、依頼者が早期離婚にこだわっており、調査費用を支払う資産がある場合は、活用する。もちろん空振りの可能性は十分に説明する。

緑木弁護士

相手方をぎゃふんと言わせるためにも、積極的に利用する。ただ、探偵業者によっては、GPSを勝手に使用して相手方に見つかってしまったり、オートロック付きの不倫相手のマンションの中に入ったりする業者もいるという。業者については慎重に選択するように、見積もりを出してもらってから依頼するように、依頼者にはアドバイスする。

【離婚調停】Act I　事件受任の場面にて

Scene iii DVに悩む依頼者の相談を受ける

Prologue

　X氏は、夫Y氏からしばしば暴力を受けているとのことである。涙ながらに、これまでふるわれた暴力の数々を説明してくれた。それによると、1か月に1回くらいの頻度で、ベルトで殴られたり、拳で殴られたり、蹴られたりしているという。寝ている間にいきなり蹴られることもあるとのことだ。外からは見えないように、腹部等を狙われるということであった。お腹を蹴られたときは息ができなくなってしまい、ベルトのバックルが当たったときは足が切れてかなり出血したこともあるとのことであった。逃げようとすると服をつかまれたり引っ張られたりするため、服が破れたことも何度もあるという。実際に、破れた服の写真も見せてくれた。ただ、暴力をふるわれた際の身体の写真はなく、また、暴行によるけがについて病院に通院したこともないとのことである。Q弁護士は、どうやってDVを立証していこうかと悩むことになった。

1. 聴取において注意すべきことは何か

　DV事案の相談を受けるにあたっては、すでに被害を受けている依頼者に二次被害を与えないことを常に念頭に置いて、注意深い言動をとらなければなりません。弁護士が事情を詳細に聞こうとすると、自分が責められていると感じてしまったり、当時のことを思い出しすぎてつらくなってしまうこともあります。

　また、肉体的暴力はなくても、精神的暴力を受けたという主張も多くあります。依頼者もかなりナーバスになっているので、聴取の際には言動に注意しましょう。

| Scene ⅲ | DV に悩む依頼者の相談を受ける

　家庭内暴力が長期間にわたって継続していると、暴力はつらいと言いつつも、依頼者が相手方に洗脳されているような状態になっていることも意外に多くあります。暴力をふるう相手方を厳しく批判する話をすると、依頼者からいきなり反論されて、驚いたことがあります。相手方の人格には触れず、相手方の暴力的行動についての批判にとどめるなど、話し方は注意する必要があります。また、暴力をふるわれるのが通常になっている依頼者には、それがどのような異常事態であるかについて、丁寧に説明するようにします。1回で説得しようとせず、時間をかける必要があるかもしれません。

2. 別居の有無により進め方を考える

(1) 同居している場合で緊急性が認められる場合

　暴力の程度がひどく、かついまだ相手方と同居している場合は、できる限り早期の別居をすることが望ましいと説得します。依頼者自身も早期別居を希望してくれる場合は、別居の方法についてアドバイスします。実家や親戚の家に避難することができればよいのですが、病弱の親に迷惑をかけられないとか、頼れる人がいない場合もあります。そのような場合は、資金があれば、即入居できるような賃借物件を探すように指示する場合もありますし、資金がない場合はシェルター等を紹介します。弁護士がその依頼者を守る行動を機敏に採ることができないようであれば、受任せず、速やかに他の弁護士の応援を仰ぐなどして、依頼者の身の安全を守るべく動くことも大切なことです。ＤＶの案件に慣れていない弁護士は、このような事件処理に習熟している弁護士の応援を仰ぐことも検討すべきです。無理して頑張ってはいけません。

　なお、依頼者が暴力を受けて間もない場合は、すぐに病院に行って診断書を取得するように指示するのがよいでしょう。別居を開始してしまうと、暴力の証拠を取得するのはなかなか困難です。診断書を取得した場合や傷が残るなどしている場合は、さらに警察に相談することも検討します。

(2) 同居しているが、緊急性はない場合

　相手方からの暴力の程度が弱く、あるいは頻度が低い場合、特に単発で暴力を受けたことがあるにすぎない場合は、依頼者から再度暴力をふるわれる可能性が高いかどうかを慎重に聴取します。ひどい暴力をふるわれる可能性が低く、依頼者も希望している場合は、すぐに別居を開始せず、同居の間に新たな証拠の収集を試みることもあります。暴力を認める会話を録音しておくことなどが代表でしょう。

　ただ、証拠収集にこだわるあまり、相手方を怒らせて激しい暴力を受けるようなことがあってはなりません。身の安全が一番ですので、依頼者には絶対に無理はしないように指示しておくことが求められます。

(3) 別居している場合

　すでに別居している場合は、当時の暴力を時系列で細かく思い出してもらったり、客観的証拠がないかどうかを確認します。相手方とのメール等に暴力を認めるような記述が残っている場合もありますので、よく確認するように指示します。また、別居後の住所を相手方に知られていないかについても確認することが大切です。相手方によっては、自宅に押しかけてくる場合もありますので、さらなる転居を考えたり、警察に相談してパトロールを強化してもらわなければならないかもしれません。さらに、別居先の地方自治体に事情を説明して、配偶者に対しても住所を非開示にするような手続をすることも可能ですので、すでに手続済みかどうかを聴取するようにします。

　暴力行為について確実な証拠がある場合で、相手方が有名企業に勤めるなどしていて外聞を気にしている場合（ＤＶをしている人の中には、有名な企業に勤務していたり、知識層に属したりしている人がいます）は、任意交渉によって解決できる可能性もあります。依頼者から相手方の性格等も聴取し、方針決定に生かすようにします。

3. 別居を開始する

　暴力を受けている場合は、別居については相手方に知られずに行うこと

が大事です。引越日を決めて、できる範囲で荷物を厳選してもらい、一日で一気に引越をします。

引越後は、前述のとおり相手方に新たな住所を知られないように、住民票の移動の際には、引越先の自治体にお願いして秘匿扱いとしてもらいます。

また、家庭内暴力の事案は、相手方に洗脳されていることも多いことに注意する必要があります。依頼者は、「相手方はここまではしてこない」「相手方は本当は優しいのだから」と思い込んでいる場合もあります。別居を開始することだけで安心せず、最悪のケースを想定して、依頼者の行動については、できる限り細かくアドバイスをします。

別居後の生活についてもある程度の見通しを持つことが必要です。孤立した依頼者が、「相手方と一緒にいた方がよかった」と安易に相手方の元に戻ることもあります。

4. DV 法の制度を活用する

配偶者からの暴力の防止及び被害者の保護等に関する法律 =DV 法は、配偶者暴力相談支援センター、保護命令などを定めています。このうち、保護命令は、配偶者から身体に対する暴力または生命等に対する脅迫を受けた者がさらなる暴力または脅迫を受け生命または身体に重大な危害を受けるおそれのあるときに、裁判所が、接近の禁止、退去等を命令するものです（DV 法 10 条）。DV の内容によっては、これらの制度を活用するようにすべきです。DV に悩む人の相談があったら、DV 法の勉強は不可欠です。

【離婚調停】Act I　事件受任の場面にて

現場力のEssence

■ 依頼者に二次的被害を与えないように、聴取に際しては十分注意する

■ 相手方に洗脳され暴力が日常になってしまっている場合は、依頼者を刺激しないように留意しながら異常事態であることを理解してもらうように説得する

■ 緊急性が高い場合はすぐに別居を開始すべく動く。病院や警察に行くことも検討する

■ 同居を継続する場合で証拠収集を続ける場合は慎重に

■ 別居先住所の秘匿扱いについての手続を確実に行う

■ DV法の保護命令などの活用を考える

| Scene ⅳ | 有責配偶者からの相談を受ける

Scene ⅳ 有責配偶者からの相談を受ける

Prologue

　Q弁護士は、知人から、妻との離婚を考えている友人がいるとの紹介を受けた。その依頼者Y氏と面談を開始すると、妻が作る食事は冷凍食品が多いとか、掃除が雑であるとか、通常であれば我慢したり解決策がある話であり、妻の方にそれほど問題があるようにも思えない。Y氏に対し、「他に離婚したい理由はあるのですか」と聞くと、ちらちらこちらを見て、言いたいことがあるが言い出せない様子である。「もしかして次に結婚したい人がいるのですか」と聞くと、少しためらいながらも、頷きながら、現在付き合っている彼女がいることを認めた。Q弁護士は、その女性との関係を聞いていくと、相当前から付き合っているとのことである。Q弁護士は、「結局は、有責配偶者ではないか」と思い、少しがっかりしたが、ここでY氏との相談を打ち切るわけにもいかない。

現場力

1. 有責性の有無の確認をする

　まず、事実として不貞行為があったのか、その他有責性が認められる事実はないかどうかについて、依頼者から聞き取りをします。

　元々依頼者に有責性があるとはわかっていない事案でも、できる限り早めの段階で本人に確認するのがよいでしょう。今後の方針に大きくかかわります。

2. 不貞相手を連れてきたらどうするか

　依頼者が事前の連絡なしに、打合せに不貞相手を連れてくることは、意外に多くあります。そのようなとき、弁護士としてはどのように対応すべ

きでしょうか。

　まず、利益相反に関する説明をします。配偶者から慰謝料請求された場合、依頼者と不貞相手では対応方針が異なることもありますし、どちらが先に誘ったとか、配偶者に対する弁明において対立することもあります。また、共同不法行為ですので、一方が賠償を履行した場合は内部負担の問題も発生します。そのような説明をした上で、「今はうまくいっていても、将来も二人の関係がうまくいくという保証はないので、残念ですが、交際相手の方の話は聞くことができないのです」等と申し向け、弁護士は、利益相反の事案を受任することが原則として禁止されていて、不貞相手の相談は受けられないことを十分に説明して、できる限り席を外してもらうようにすべきです。

　依頼者からは、不貞相手が席を外した後でさらに詳しく聴取をしていきます。配偶者との関係を詳細に聞いていくわけですので、依頼者としても、不貞相手にはできる限り聞かせたくない（不貞相手がついてきてしまった）のが本心かもしれません。

3. 相手方による証拠収集の可能性を確認する

　依頼者が弁護士に対し不貞行為の事実があったと認める場合、次に相手方にどこまで知られているかを確認する必要があります。今後の方針として対相手方との関係で不貞行為を認めるにしても認めないにしても、相手方がどこまで知っているか、証拠を所持しているかは、交渉の方針や取り得る手段の決定に大きくかかわります。

　たとえば、相手方との関係では不貞行為を認めないのに、後に法的手続において不貞行為の証拠が出てくると、不貞行為を隠していた事実が慰謝料に反映される（高額になる）可能性が高くなるのはいうまでもありません。

　いずれか判明しない場合は、証拠を保有されている可能性が高いという前提で動いた方がよいと思います。弁護士は、楽観的に物事を考えないようにすることが肝要です。

| Scene iv | 有責配偶者からの相談を受ける

4. 別居の有無と期間を確認する

　有責性がある場合、これまでの判例の動向からすると、7、8年程度別居しないと有責配偶者からの離婚は認められていないといえるでしょう。依頼者の中には、別居期間が3年程度あれば離婚できると安易に考えている人もいますから、その旨をよく伝えるようにします。

　ただ、未成熟子がおらず、別居期間が同居期間に比して長ければ、比較的早く離婚が認められる可能性もあります。直近までの裁判例や文献をよく確認して、客観的に事案を見つめ直します。

5. 採り得る方針について説明する

⑴ 離婚請求が認められる可能性がある場合

　法定離婚事由があり、離婚請求が認められそうな場合は、法的手続を採ることが考えられます。

　ただ、相手方が証拠を保有しているかどうかが判明していないことも多いため、過度な期待は持たず、また条件についても早期決着をするための条件を検討することが多いといえます。

⑵ 裁判では認められそうにない場合

　金銭的に譲歩することで離婚ができそうか、相手方の様子や資産状況、性格等をさらに聴取をして、方針を検討します。

27

【離婚調停】Act I　事件受任の場面にて

現場力の Essence

■ 早めに依頼者に有責性があるか確認する

■ 相手方による証拠収集の可能性を検討する

■ 有責性があっても、同居期間に比して別居期間が長ければ離婚が認められる可能性がある

■ 相手方の状況をよく考慮して方針を決定する

| Scene v | 未成年の子がいる場合の離婚の相談を受ける

Scene V 未成年の子がいる場合の離婚の相談を受ける

Prologue

　Q弁護士は、男性X氏から、「家庭を顧みない妻と離婚したいが、自分がどうしても子ども2人（3歳と5歳）の親権者になりたい」との相談を受けた。妻は、仕事中心の生活で、子どものためのご飯はほとんど用意せず、朝ごはんを作ったり保育園に連れていくのは、X氏自らが行っているという。子どもを保育園に迎えに行くのはほとんど妻であるが、夕飯は出来合いのものか冷凍食品の上に、ご飯とから揚げのみなど子どもの栄養バランスに気を配っていないとのこと。土日もX氏が子ども達の面倒を見て、妻はゴルフや美容院のために外出していて、妻が在宅しているときはX氏は自宅の小さな書斎で一人でいることが多いとのことであった。
　Q弁護士は、X氏に対し、面会交流についてどのように考えているか聞くと、「子ども達も妻になついていないわけでもないし、下の子は女の子であることもあり、親権がとれたとしても相手方とある程度の面会交流を認めていきたい」と考えているとのことであった。インターネットで検索すると、乳幼児は母親が親権者に指定されていることが多いと記載されていたそうである。「父親は親権取得には不利であると思うので、譲歩できるところはできる限り譲歩するから、とにかく子ども達のためにも親権を取得したい」とのことである。

 現場力

1. 事実関係を確認する

　依頼者と相手方との間に未成年の子がいる場合、親権者を定めないと離婚することができません。依頼者に親権者になり得る事情があるかを細かく聴取します。
　年齢や健康状態、別居の有無、養育環境（健康状態、時間的余裕、実家

の援助等を含む)、双方の経済的基盤、生活環境（居住する場所、学校）、これまでの監護状況など、できる限り裁判において判断の要素となる事情に着目して聴取をします。

依頼者は、自分に都合のよいように話すと思いますが、念のため、子の意思はどちらにありそうかについても聴取します。審判手続においても、子どもが15歳以上の場合は、子の陳述聴取が必要的とされており（家事事件手続法152条2項と169条2項、人事訴訟法32条4項）、子の年齢が15歳未満であっても、その子の意思を把握するように努め、子の年齢および発達の程度に応じて、その意思を尊重しながら審判および調停をすることが求められています（家事事件手続法65条、258条1項）。

子どもが乳幼児である場合、以前は母親が親権者になることが多かったといえますが、最近では、父親に親権が認められることもままあります。子どもの生活の安定や、面接交渉に寛容であるか等も、重要視されているようです。

弁護士としては、子の福祉を重視し、依頼者の発言に振り回されすぎず、常に客観的視点を持ちながら対応するようにしなければなりません。

2. 依頼者の希望を確認する

依頼者の希望する離婚条件を確認します。親権、養育権、面接交渉、子の引渡し等について、詳しく聞いていきます。現時点においては依頼者が最終的にどこまで譲歩することを考えているのかを含め、依頼者の真意をよく把握する必要があります。

離婚事案では、依頼者も感情的になっていることが多いため、実際に養育することが客観的に難しく、真意では無理とわかっていても、子どものことを考えるより、相手方に対する意地や見栄から親権を主張している場合もあります。そのような場合は、すぐにあきらめさせようとはせずに、依頼者から聞いた客観的状況のみでは今後の見通しは暗いことを述べるとともに、時間をかけて、依頼者を説得していくことになります。

|　Scene ⅴ　|　未成年の子がいる場合の離婚の相談を受ける

3. 手続を説明し、選択する

　子どもが相手方の元にいる場合は、離婚前の監護者の指定および子ども
の引渡しを求める審判（家事事件手続法150条、別表第2の3項）の申
立てを行い、同時に同内容の審判前の保全処分（同法105条）の申立て
を行うことも考えられます。親権を争う上では、相手方の元に長期間子ど
もがいる場合は、継続性の原則から親権が認められなくなる可能性も高く
なります。相手方が子どもを連れ去った場合などは、積極的にこれらの手
続を採るのがよいかもしれません。

　特に上記手続等を採らない場合は、離婚調停の中で、親権を争っていく
こととなります。

4. 調停までにした方がよいこと・悪いことを説明する

⑴ 調停までにした方がよいこと

　親権を希望する場合は、養育環境を整えることを勧めます。経済的基盤
はもちろんですが、居住環境や、実家の援助、学校環境、時間的余裕を作
るなどをアドバイスします。

　また、調停手続において調停委員や調査官に説明するために、事実関係
の整理をします。陳述書にまとめることも多いので、これまでの出来事（相
手方が虐待を行っていた場合はその内容、双方が子どもの監護に関わって
いた状況等）を時系列でできる限り思い出し、また、証拠がある場合はそ
れを揃えて調停手続に臨みます。

⑵ 調停までにしてはいけないこと

　前述のとおり、継続性の原則から、これまで実際に子を監護してきた者
が親権者に指定される場合が多いといえます。ただ、これを強調するあま
り、依頼者が相手方に監護されている子を連れ去るようなことを許容して
はいけません。ましてや、子の奪取を指南するなどしてはいけません。そ
のようなことをすると、調停手続において逆に不利に扱われることを述べ
るなどして、事前に依頼者に厳しく注意します。場合によっては、未成年
者略取罪の成立が認められる場合もあることも説明する必要があります。

31

【離婚調停】Act I　事件受任の場面にて

相手方は、依頼者の代理人が連れ去りを指南したと考えることもあり、弁護士として懲戒リスクを負うことにもなりかねません。

　また、それほど多くはありませんが、子に相手方の悪口等を吹き込む依頼者もいます。子の精神の不安定を招きますし、調査官調査等でそのことが判明したら、依頼者にとってかなり不利な事実となり得ます。依頼者にはそのようなことをしないように説得しておきます。

[西田弥代]

現場力の Essence

■ 依頼者から、年齢や健康状態、養育環境（健康状態、時間的余裕、実家の援助等を含む）、経済的基盤、生活環境、これまでの監護状況など、法的手続において判断の要素となる事情に着目して聴取する

■ 子どもが乳幼児であっても、父親に親権が認められることがある。子どもの生活の安定や、面接交渉に寛容であるか等も、重要視されている

■ 依頼者の真意をよく把握する。相手方に対する意地や見栄から親権を主張しようとしているのではないか、見極める

■ 親権を希望する場合は、速やかに養育環境を整える

■ 調停委員や調査官に説明するために、事実関係の整理をし、証拠を揃える

■ 相手方に監護されている子を連れ去ったり、子に相手方の悪口等を吹き込むと、子の精神の不安定を招き、調停や訴訟の手続において不利に扱われることを説明する

Act

Ⅱ

離婚調停の場面にて

【離婚調停】Act Ⅱ　離婚調停の場面にて

Monologue

　Q弁護士は、X氏から不貞行為をした夫Y氏との夫婦関係調整の調停事件（離婚調停）を受任した。最近風呂にも携帯を持ち込むことが多い夫を疑い、夫が寝ている間に携帯を見たところ、3人の女性と親密なメールのやりとりをしていることが判明したのだった。そのうちの2人は、スナックの女性と思われたが、1人については、2人で旅行したと思われる写真もみつかった。さらに、夫の部屋では、クリスマス時期に女性もののブランドのネックレスを買ったレシートや2人で泊まったホテルのレシートまでみつかった。ホテルに泊まった日の相手とのやりとりのメールには、「今日は楽しかった」という趣旨のメールもあった。X氏は、浮気性の夫Y氏に愛想をつかし、すぐに別居して離婚したいと考えているとのことである。

　Q弁護士は、任意交渉を考えたが、Y氏はX氏に暴力をふるったことが二度あり、その際X氏の服を引き裂くほどの激しい暴力であったとのことである。また、毎月定額の生活費を渡す以外はすべて収入・資産はY氏が管理しており、自らは金遣いがかなり荒いのに、X氏の金の使い方にはかなりうるさいとのことであった。

　そこで、Q弁護士は、相手方たるY氏は粗暴な性格であるし、X氏が暴力をふるわれる可能性があるから、まずは別居をするのがよいと考え、また、Y氏はお金にかなりうるさいので、少なくとも財産分与では絶対にもめるだろうとの見込みから、早期解決のためには、任意交渉より離婚調停が適していると考えた。

Scene i 調停申立書を作成する

> **Prologue**
>
> 　Q弁護士は、これまでX氏との打合せで聴取した事実と証拠をもとに、調停申立書を作成することにした。ただ、調停になると、相手方からどのような主張が出てくるかはわからない。最初の申立て段階において、調停申立書にどこまで事実を記載するか、不貞を裏付ける写真、レシート、メールなどの証拠を提出するか、迷っている。X氏は、これまでY氏からされたひどいことをすべて調停委員に伝えたいと言っている。

1. 申立書と提出書類を準備する

　調停申立書については、提出した後、相手方にも調停期日呼出状と一緒に送付されることになります。調停申立書の書式は、裁判所のホームページにも掲載がありますが (http://www.courts.go.jp/saiban/syosiki_kazityoutei/syosiki_01_23/index.html)、内容を網羅していれば、この書式を使うことは必須ではありません。

　裁判所によっては、調停申立書のほかに、書類の提出を求めている場合もあります。たとえば、東京家庭裁判所は、申立書のほかに、事情説明書、子についての事情説明書、進行に関する照会回答書、連絡先等の届出書の提出を求めており、これもホームページに書式が載っています (http://www.courts.go.jp/tokyo-f/saiban/tetuzuki/syosiki02/index.html)。各家庭裁判所によって書式も違うことが多いので、申立て前に管轄裁判所のホームページをチェックすることをお勧めします。

【離婚調停】Act Ⅱ　離婚調停の場面にて

2. 申立て時に提出する書類にどこまで記載するか

(1) 申立書にどこまで記載するか

　裁判所の書式を使う場合、申立書に記載する内容は、それほど多くはありません。離婚の意思があることや子どもの親権者をどちらにするか等、穴埋めをしたりチェックをして記載していきます。申立ての理由について、さらに詳細を記載したい場合は、別紙を利用しながら補充することでよいと思います。

　ただ、申立書にどこまで記載するかについては、慎重に検討する必要があります。調停は、あくまで合意による解決を目指す場です。相手方にも送達される調停申立書に、相手方に対する非難を並べたてると、相手方の感情を不必要に害し、合意成立の可能性が低くなってしまいます。現に、第1回調停に出頭したら、相手方が「調停申立書に嘘ばかり書いている。こんな調停には今後出頭する気はない」と怒声を発したと調停委員から聞かされたことがあります。また、調停不成立となった場合には、訴訟提起に移行することになりますが、調停時にすべての証拠をさらしてしまうのが訴訟戦略上望ましいといえない場合もあります。調停で相手方が何を主張してくるかもわからない時点では、すべての証拠や事実を出そうとしすぎず、様子をみるのも一つの手かもしれません。

(2) 申立書以外の書類にどこまで記載するか

　前述のとおり、裁判所によっては、事情説明書や進行に関する照会書の提出を求められますが、これらの書類は、相手方に送付されるものではありません。もっとも、相手方が裁判所に対し開示の請求をした場合は、開示される可能性が十分にあり得ます。これらの書類についても、記載内容については慎重に検討してください。

(3) 誤字・脱字に注意する

　他の手続と同様、申立書等における誤字・脱字には十分に注意してください。離婚調停では、相手方も感情的になっていることが多くあります。誤字・脱字があると鬼の首をとったように責められ、本題になかなか入る

ことができない場合があります。相手方の名前の読み仮名を間違って記載してしまったところ、相手方本人が怒って裁判所に調停申立書を送り返したために、訂正申立書を提出し、さらに期日で謝罪させられたという弁護士もいます。

3. 相手方に対し別居後の住所を開示したくない

申立書には、もちろん申立人の住所を記載しますが、相手方からDVを受けたことがあったり、嫌がらせをされる可能性が高い場合は、相手方に対し別居後の住所を開示したくないことがあります。この場合には、申立時に連絡先の非開示の届出を提出することも考えられますが、手間がかかりますし、相手方にも連絡先を伏せていることが強く伝わりかねません。

代理人が選任されている場合は、裁判所は必ずしも現住所にこだわりませんので、相手方との同居時の住所を記載することができます。

4. 調停申立ての添付書類を準備する

調停申立書には、戸籍謄本（全部事項証明書）の添付を求められます。また、年金分割を請求する場合は、年金分割の情報通知書を添付しなければなりません。この情報通知書の取得には少し時間がかかりますので、事前に依頼者に年金事務所に行って取得手続をするように指示しておくことが必要です。

なお、離婚事件では夫婦の戸籍謄本となりますからあまり問題にはならないのですが、たとえば、不貞相手の戸籍謄本を弁護士が職務上請求によって取り寄せた場合に、その取り寄せた戸籍謄本のコピーを依頼者本人に交付することにはくれぐれも慎重でなければなりません。後で、その戸籍謄本のコピーを持って依頼者本人が何らかの行動を起こした場合、弁護士の責任が問われかねません。依頼者本人に対しては、戸籍謄本、住民票のコピーは一切渡さないことにしている弁護士もいます。

5. どのような主張をするか

（1）財産分与については、基礎となる資産（別居している場合は、別居開始時の資産）さえわかれば、それを算定して、2分の1となる部分を請求するのが通常です。ただ、相手方が管理している財産がわからないことも多いので、その場合は、調停申立書には「相当額」を請求すると記載し、調停の中で財産の開示を求めることになります。

（2）年金分割は、基本的には0.5を記載することになります。

（3）未成年の子がいる場合、親権者はどちらとしたいかを記載します。
　　また、未成年の子の養育費についても請求する場合は、その旨を記載します。相手方の収入がわかっている場合は、裁判所の算定表を参考に具体的な金額を記載することもありますし、調停の進行状況によって主張する場合は、「相当額」とするのでも差し支えありません。

（4）面会交流については、慎重に記載する必要があります。調停申立書には、裁判所のひな形にあるように、「面会交流する時期、方法について定める」程度でよいと思います。面会交流は、子の福祉にかんがみ、相手方の反応を見ながら、慎重に言葉を選んで主張すべき場合が多いからです。実務上、面会交流はかなり広く認められるようになっています。宿泊を伴う面会が認められた事例もあります。相手方の面会交流に寛容である姿勢を示すことにより、親権を取得できる可能性が高まることもあります。できる限り依頼者にその旨を説得しながら、子どものために面会交流の機会をとるのがよいでしょう。早い段階から調査官が関与することも多いので、子どもが暮らす環境等についてもよく説明ができるように準備することが肝要です。

（5）慰謝料については、その原因事実があり、依頼者が希望する場合は請求することが考えられます。請求金額は、具体的な金額か「相当額」と記載することになります。ただ、あまりに高額を記載すると、相手方を刺激することになりかねませんから、要注意です。

6. 併せて婚姻費用分担請求調停を申し立てるか

　婚姻費用支払義務者に対する離婚調停を申し立てるときに、婚姻費用分

担請求調停を併せて申し立てるかについては、事案によってよく検討すべきです。

　相手方が離婚に応じない態度を示している場合は、婚姻費用分担請求をすると、できる限りお金を支払いたくない相手方に対するプレッシャーになり、早めに離婚に応じてしまった方が得策だという気持ちになってくれることがあり得ます。ただ、婚姻費用分担請求の調停申立てをすると、離婚より婚姻費用の請求が先行して調停が進められていきますので、婚姻費用額のやりとりで調停期日が重ねられ、離婚調停の進捗が遅れることも多く見受けられます。離婚調停に早く見切りを付けて訴訟を提起することによって一日も早く離婚したいと考えている場合であって、かつ離婚事由が認められやすい事案の場合は、婚姻費用分担請求の調停申立てをするのは望ましくないかもしれません。依頼者は、とかく、早く離婚したいしそれまでの生活費も確保したいという「あれもこれも」の姿勢を示しがちですが、弁護士としては、二兎を追っても難しいことを十分に説明するべきです。

⊕ Intermezzo

異論・反論付

調停申立書にどこまで記載するか

白森弁護士

　私は、調停委員に本人から直接訴えかけさせる余地を残すためにも、あまり書きすぎないようにしている。ただ、双方の身上経歴はかなりの程度記載する。調停の際に身上経歴を一から説明していくと、無駄に時間を要するから、客観的に明らかな身上経歴くらいは先に伝えておいた方が、時間の節約になると考えるからである。

赤林弁護士

　調停委員に一から説明するより、文書になっていた方がわかりやすいから、主張も事実関係もできるだけ記載してしまう。申立書の記載で相手方が感情的になったとしても、やがては静まるものと思っている。私のようなやり方をすると、第１回調停がかなり核心まで進行することがある。通常、第１回調停では、双方の身上経歴、離婚についての基本的な考え方を聞いた程度で終わってしまうが、第１回から、たとえば、争点が離婚給付であるとすると、双方の財産分与対象財産の開示を求めることまで進むことができる。ただ、そうはいっても、訴訟において隠し球に持っておきたい証拠だけは開示しないようにしている。

緑木弁護士

時間の節約のためにある程度記載してしまいたい気持ちはあるが、訴訟のためにどこまで提出を控えたらよいのかがわからないので、結局、抽象的な項目のみ記載し、詳細は口頭で説明し、相手方の感情に障る点は相手方に伝わらないように配慮してもらう。

【離婚調停】Act Ⅱ　離婚調停の場面にて

現場力の Essence

■ 調停申立書に記載する内容は慎重に。最初から書きすぎると、調停の成立の妨げになることがある

■ 調停申立時に提出した申立書以外の書類も、相手方が閲覧する可能性があるので、記載内容に注意する

■ 年金分割の情報通知書は早めに取得を指示する

■ 事案に応じて、婚姻費用分担請求調停申立てをするかを検討する

Scene ii 別居後の生活を考える

> **Prologue**
>
> 　Q弁護士とX氏は、離婚調停の申立て前に別居をするかについて話し合った。夫Y氏がX氏に暴力をふるった際に、X氏の服が引き裂かれたほどであったということであったし、世間体を気にして離婚に応じない可能性も高いということだったから、X氏本人がY氏に離婚を切り出すと、逆恨みされて暴力をふるわれかねない。そこで、X氏は調停申立て前に、別居を開始することにした。そして、別居をすることをY氏に告げる場合も、Y氏からの暴力のおそれがあると考え、少しずつ引越の用意をして、引越をするまでY氏に気づかれないようにすることとした。Y氏の出張中に引越をして、その際に弁護士の受任通知を食卓上に置いていくことにしたのである。

1. 引越の準備をする

　引越をするか否かについては、Act Ⅰでも紹介しましたが、まずは資金の問題があります。依頼者に引越代金、引越先の前払家賃・敷金・礼金、生活必需品の購入費用を出せるほどの資金があるかどうかを確認し、それがない場合は、資金が貯まるまで貯金をしたり、親族の援助を受けるなどして、引越に合わせて調停申立てをすることがままあります。

　そして、一旦別居すると、相手方の家（旧自宅）には無断で入ることが難しくなります。相手方は、所有物が知らないうちになくなったと騒ぎ出ししますし、住居侵入罪に当たると騒ぎ出すことがあるからです。したがって、合鍵を使っていつでも忘れ物を取りに行くことができると考えている依頼者に対しては、問題があることを説明しておくことが求められます。

また、同居していないとわからないような両者の資産関係や証拠の収集については、別居前に行ってもらう必要があります。

別居開始にあたっては、相手方が粗暴な性格でなければ、事前に告知してもよいと考えますが、相手方に不穏な態度が見られるような場合には、事前に相手方に言わずにXデーを決めて、一気に引越をすることもあります。そのような場合は、本人の書き置きを残しておくとか、弁護士の受任通知が翌日朝までに届くようにするなどして、相手方に不必要な心配や迷惑をかけないように配慮するとよいでしょう。

引越に際して持ち出す物は、原則として依頼者個人の所有物であるといえるものだけにするよう指示しておきます。後日の無用な争いを避けるためです。

また、依頼者には、別居開始後は相手方の承諾なく元の家に立ち入ってはいけないことをよく伝える必要があります。もし無断で立ち入ると、住居侵入罪等の刑事罰が科せられることもあるということも伝えると、理解してもらいやすいかもしれません。依頼者が無断で相手方の家に立ち入ると、その代理人たる弁護士も関与を疑われることがあります。懲戒リスクを防ぐためにも、重要なポイントです。

2. 別居後の生活を考える

(1) 収入の確保

依頼者がこれまで長い間主婦であったために、別居後は貯金を切り崩しながら生活するということもよくあります。できれば引越前から就職活動を始めるなどして、相手方から婚姻費用の支払いがなくても、早い時期から自立して生活できるだけの収入を確保することが大事です。

相手方の収入が多く、多額の婚姻費用が期待できる場合もありますが、離婚の意思を強く示すためにも、自立した生活を送るという姿勢を持つことを勧めることがよい場合があります。そのような自立する姿勢が見られないと、調停委員から復縁を助言されてしまいかねません。また、婚姻費用がすぐに支払われるとは限りません。別居を開始すると、従前どおりの婚姻費用を支払い続けることに抵抗感を感じるのが一般的だからです。

| Scene ⅱ | 別居後の生活を考える

特に子どもの親権を争うことが予想される場合には、子どもを監護でき
る環境であることを示すためにも、収入が確保されている状態にならなけ
ればなりません。引越と重なると大変な時期でもありますが、弁護士とし
ては、できる限りサポートしてあげるように努めるべきでしょう。

⑵ 福祉関係の給付金を調べる

資産や収入状況によっては、福祉関係の給付金を受給できる可能性もあ
ります。すべての給付金を弁護士が調べ上げることは困難ですし、地区に
よって給付金の内容も異なることがありますから、給付を受けることがで
きそうな家庭の場合は、行政の窓口に行くようにアドバイスするべきだと
思います。

3. 婚姻費用分担請求をするか

依頼者が婚姻費用分担の権利者である場合、相手方からの婚姻費用の支
払い状況等にかんがみ、婚姻費用分担の調停の申立てをすることが考えら
れます。離婚を急いでいる場合は、申立てをするか否かについて慎重に検
討すべきことは、前述したとおりです。

婚姻費用分担については、調停においては実務上、裁判所の発表してい
る算定表に基づき計算・決定されることが多いといえます（http://www.
courts.go.jp/tokyo-f/vcms_lf/santeihyo.pdf）。申立ての段階でも、基本
的には、算定表の幅に従った請求をしますが、生活費のための借り入れが
あったり、別居後の家のローンを相手方が負担している場合などの特別な
事情がある場合は、それを勘案した金額を記載します。申立書に具体的金
額を記載する場合には、根拠のない高額な金額を記載すると、調停委員や
裁判官に対する印象もよくありませんし、相手方を刺激して調停が無用に
長期化するおそれもあります。算定表を示して合理的な範囲内に収まるよ
うに依頼者を説得することも大切です。

なお、相手方の収入状況がわからない場合や調停を申し立ててから具体
的主張金額を確定したい場合には、申立書には「相当額」の請求を求める
と記載するにとどめます。あとは、調停手続中に決定することになります。

45

【離婚調停】Act Ⅱ　離婚調停の場面にて

現場力の Essence

■ 引越のタイミングについては、依頼者の資金の状況を検討する

■ 相手方が粗暴な性格であれば、事前に告げずに引越をすることを考える

■ 相手方に事前に告げずに引越をする場合は、相手方に不要な心配をかけたり無用な争いを避けるために慎重に行う

■ 別居開始後は相手方の住居に無断で侵入しないように依頼者に説明する

■ 別居開始後は自立し、できるだけの収入確保に努めてもらう

Scene iii 調停に出頭する

Prologue

　第1回調停期日は、申立てから1か月半後の日が指定された。X氏はすでにY氏と別居している。その後、X氏に対して事務連絡以外はY氏からも全く連絡がないので、Y氏が第1回調停期日に出頭するか、代理人弁護士が就任するかはまだ不明である。

　Q弁護士は、第1回調停期日に、X氏本人から調停委員に事情を説明することが必要だと考えた。特に暴力をふるわれたときの様子は、X氏本人から話した方がはるかに信ぴょう性と迫真性がある。また、X氏本人の誠実さ・忠実さをアピールすることもできる。X氏も同意してくれたので、第1回調停期日に出席してもらうことになった。

1. 調停までに何を準備するか

　調停では、親権、面会交流、養育費、財産分与、慰謝料、年金分割等々、依頼者の当初の意思を明らかにしてもらい、依頼者には当該時点での最終的な落としどころのイメージを持ってもらうことが大切です。相手方の意見がわからないために、一方的な面もありますが、依頼者に不要な期待を抱かせてしまったり、ノープランで臨むのはよくありません。特に離婚案件については、依頼者も感情的になっていることが多いですから、「自分が正しい＝相手方が悪い」という構図で他の案件以上に結果に期待をもってしまっていることも多くあります。また、ネット上にあふれる情報から、財産分与や親権について誤解をしている可能性もあります。依頼者に対しては、謙虚な姿勢を持つことが大切であることを理解してもらうべきです。

【離婚調停】Act Ⅱ　離婚調停の場面にて

2. 第1回調停時に説明する

第1回調停では、調停手続の意義の説明をした後、調停委員は、申立ての内容とその根拠の確認をすることから聴取を始めます。時系列ないし項目ごとに事実関係をわかりやすくかつ簡潔に説明できるように準備をしておくのがよいでしょう。調停委員に好印象を持ってもらうために、特徴的なエピソードについては、具体的に説明することも効果的です。

また、相手方と事前に任意交渉をしていた場合には、その経過と結末を報告します。

その後、解決に際しての希望を、理由とともに述べます。特に任意交渉をしていない場合は、相手方がどの点で争ってくるかがわかりません。相手方の調停委員に対する話を待って、さらにどこまで主張を具体的にするかを考えます。

特に事実に関する争点があることが判明したら、より具体的な説明をする必要があります。相手方の主張が判明したら、それに応じて主張・反論を重ねます。

3. 依頼者本人を同行するか

調停委員は、原則として直接当事者本人の意思を確認したいと考えています。離婚事件は、夫婦二人の密室内で起きたことが問題となることが多く、真相は当事者本人に確認しないと判明しないためです。しかし、依頼者本人を同行させるかどうかは、依頼者の様子や環境にもよります。たとえば、相手方の暴力によって精神的にまいってしまい、どうしても調停に出頭したくないという依頼者がいます。そのような場合は、調停が進行して気持ちが落ち着いてから、裁判所に相手方本人に会わないように十分配慮してもらって出頭することを勧めることになります。

依頼者に調停に出席すべきでない特別な事情がない場合は、初期の段階で最低1度は出頭してもらうのがよいと思います。調停委員にも当事者本人の離婚の意思が明確に伝わりますし、調停委員も落としどころを見極めやすくなります。ただ、毎回しつこい依頼者が調停に出席し、かつ感情的になって長い話を続けるようになると、調停委員を疲弊させてしまいモ

｜ Scene ⅲ ｜ 調停に出頭する

チベーションを喪失させてしまいかねないので、その後の出席は、状況を見極めながら判断するのがよいと思います。

　さらに、最終の意思決定の段階では、依頼者本人が出席した方が、調停委員や裁判官による直接の説得を受けることができ、また、依頼者本人も自分で判断したとの納得感が高まることが多いため、一般的にはお勧めです。逆に感情的になり話を覆す依頼者もいますので、調停委員の様子や話し方、依頼者の性格等をよく勘案し、判断するのがよいと思います。

4. DV の夫を相手方とするときは細心の注意を払う

　裁判所内での傷害・殺人事件の多くは DV の夫によるものです。弁護士が殺害されたり、傷害を負わされた事件についても、DV の夫による犯行が目立ちます。その意味で、DV の夫を相手方とするときには、事前に裁判所に連絡して入口を別にしてもらうとか、本人と直接面会しないようにするとかの工夫をしてもらう必要があります。決して甘く考えてはいけません。

現場力の Essence

■ 調停期日前に、依頼者に解決のための具体的イメージをもってもらう

■ 調停委員に対し申立ての事情や内容をわかりやすく説明できるように準備しておく

■ 依頼者の状況等にかんがみ、依頼者を調停期日に連れていくかを考える

■ 可能であれば初期の段階で一度依頼者に調停期日に出席してもらう

■ DV の夫を相手方とするときは細心の注意を払う

49

Intermezzo

異論・反論付

調停期日において、控室で依頼者と話すか

白森弁護士

　控室では事件のことは一切話さないようにしている。依頼者には時間をつぶすための本でも持ってくるように伝え、できる限り他の話題でもおしゃべりは控えている。控室に相手方のスパイがいないとも限らない。現に、共同事務所に所属している別の弁護士に指示して相手方の控室に忍び込ませ、相手方本人とその弁護士の会話内容をじっと聞き耳を立ててメモさせている弁護士がいると聞いたことがある。依頼者にもそのことを伝え、十分に気を付けている。事件のことを話す必要が出てきたときは、他人に話が聞こえないような廊下の片隅等に依頼者を連れていって話すことにしている。

赤林弁護士

　私は、事件のことについても、相手方に知られても困らない程度には話している。依頼者は、調停室に入るたびに調停委員の話した意味を知りたがるし、調停委員から聞いた相手方の意見に対する反論をしたがるが、それらを説明したり協議するのに何度も控室以外の場所を探すのも面倒である。一般的な調停手続の内容等については、できる限り控室で話して済ませている。ただ、ある調停事件で依頼者本人と出頭し控室で待っているとき、別の事件の当事者本人とその弁護士が大きな声でプライバシーに関わる事柄を話していたことがあり、一緒にいた依頼者が「あんなセンシティ

ブなことをここで大きな声で話してもいいものなのですか」と驚いていた。弁護士だけでなく、一般の人も控室でのおしゃべりを問題にしていることがわかり、大いに反省させられたことがある。

緑木弁護士

　控室にスパイがいるとは考えたこともなかった。これまで、控室において依頼者にさまざまな説明をしたり方針を相談したりすることも多かった。自分が受任するような規模の事件では、スパイまで送り込まれることは考えにくいと思うが、その可能性があることを考えると、十分に気を付けて、今後は控室においては当たり障りのない世間話程度にとどめようと思う。

【離婚調停】Act Ⅱ　離婚調停の場面にて

Scene iv 調停委員とやりとりをする

Prologue

　Q弁護士は、X氏本人とともに調停室に入ったが、一人は温厚そうな男性の調停委員、もう一人は自分の価値観が強そうな女性の調停委員であった。第1回調停においては、Y氏が働いた暴力、不貞行為、そして財産分与に関する主張について、調停委員は、その都度「そうですか」と相槌を打ったりしてかなりの程度理解を得られたようであり、一定の手ごたえがあった。Q弁護士としては、調停委員の態度と調停委員から伝えられたY氏の様子もうかがいながら、第2回調停以後も、慎重に話を進めることにした。

現場力

1. 要点をわかりやすく述べる

　前述のとおり、調停に際しては、事案や請求の内容をわかりやすく説明するように準備しておきますが、特に調停期日においては、調停委員がメモを取りやすいように、気を付けながら話をします。調停委員は、他にも複数の調停事件を担当している関係もあって、後の調停期日において自分のメモを見ながら話をすることが多いので、調停委員の手元も確認しながら、当方の主張がしっかり調停委員に伝わるだけでなく、メモにも残るように留意するべきです。

2. 調停委員から聴取する

　調停委員と話す際は、こちらの主張を十分伝えるとともに、相手方がどのような主張をしているのか、できる限り正確に聞き取ることが大事です。疑問があれば、遠慮なく質問することも大切です。遠慮する必要はありま

せん。相手方に対して聞いてほしいことがあるときは、申し入れるべきで
す。調停委員は、そのとおりには質問しませんが、調停を進める上で有益
な事柄であれば、相手方に質問してくれるものです。このようにして、相
手方の様子や主張の具体的内容を正確に把握することにより、具体的な対
応方針を検討することができます。

　なお、依頼者の主張に根拠資料が足りない場合は、調停委員から相手方
に対して資料提出を求めてもらうようにもします。たとえば、財産分与に
ついて相手方の収入資料や資産に関する資料を提出してもらうことがあり
ます。その場合、○○銀行××支店の通帳というように具体的な資料内容
を告げると、調停委員も相手方に促しやすくなります。

3. 調停委員による説得をお願いする

　当方の資料と相手方から提出された資料等にかんがみて、落としどころ
をよく考え、依頼者に伝えます。依頼者から了解を得て、バッファをもらっ
たところで、調停委員に依頼者の主張および希望を告げて、相手方に対す
る説得を依頼することもあります。調停委員に対して必要な譲歩をした妥
当な落としどころを説得的に説明できれば、調停委員も納得し、協力して
くれやすいでしょう。

4. 面会交流についてやりとりする

　面会交流が争われている事案については、調停期日に家庭裁判所調査官
が同席することがままあります。

　面会交流に関して調停委員や調査官とやりとりする前に重要なのは、依
頼者に面会交流について前向きな姿勢を持ってもらうことです。後述する
ように、面会交流に寛容になることで、親権を取得できる可能性も高まる
ことがあり得ます。養育費と引き換えでなければ面会交流をさせない、相
手方が不貞行為をしたから面会交流をさせないなどという考え方は、調停
の席では通用しないことを説明し、調停委員や調査官と依頼者本人が話す
際にはそのような考え方を持っていない姿勢を示すようにすべきです。

　他方、相手方が子を虐待したことがあったり、依頼者に対し暴力をふるっ

【離婚調停】Act Ⅱ　離婚調停の場面にて

た等の事情があれば、面会交流は禁止または制限されるべきです。相手方が子を奪取する可能性がある場合も同じようにいえるでしょう。そのような場合は、面会交流を制限・禁止されるべき理由を調停委員や調査官に証拠を添えて説明できるように十分に準備しておきます。

　調停においては、離婚に至る経緯のほかに、これまでの親子関係、別居後の監護状況や子の状態等をわかりやすく説明することが肝要です。

　調査官が入って、試行的面会交流が実施されることもあります。裁判所の児童室等で行われ、状況も観察されます。面会交流は子の福祉のために実施されるものであり、子の精神的安定も非常に重要なことから、依頼者が子にプレッシャーを与えたりすることのないように、十分に配慮することが必要です。

5. 親権者の指定についてやりとりする

　親権者について争いがある場合、既成事実が重視されて、現在監護している親が親権者となることも多いのが現状です。ただ、子を勝手に連れ去るなどして監護を開始したという事実は、不利な事情となることがありますので、依頼者には十分に注意しておくことが求められます。

　調停委員や調査官とのやりとりの際は、子に対する愛情はもちろん、監護能力（経済力、時間的余裕、実家の援助等）や生活環境（住宅、学校等）をわかりやすく伝える必要があります。項目も多岐にわたりますので、口頭の説明だけでなく、陳述書や報告書等に簡潔にまとめて提出することも極めて効果的です。子の年齢や性別、子の意向、兄弟姉妹の関係についても勘案されます。

　以前は子が乳児および幼児の場合は、母親が親権者となりやすいとされてきました。現在でもどちらかというとそのケースが多いといえるかもしれませんが、必ずそうなるとは限りません。面会交流に寛容であるか、また、生活環境等も重視され、父親が親権者となることもままあります。依頼者が女性の場合であっても、過剰な期待はさせないように、気を付けて話をしてください。

54

| Scene iv | 調停委員とやりとりをする

現場力の Essence

■ 事前に準備して、調停委員に要点をわかりやすく説明する

■ 調停委員を通して相手方の資料の提出を求める

■ 相手方を説得してもらうために、まずは調停委員を説得する

■ 面会交流について前向きな姿勢をとるように依頼者を説得する

■ 親権者については既成事実が重視されることが多い

【離婚調停】Act Ⅱ　離婚調停の場面にて

Scene Ⅴ 調停の不調を見極める

> **Prologue**
>
> 　X氏は、一日も早く離婚することを第一に考え、婚姻費用分担請求もせずに離婚調停のみを申し立てた。しかし、離婚についてはY氏も条件次第と述べたものの、夫婦の財産の一部はY氏の親から相続した遺産、すなわち特有財産だとして争っており、互いの財産分与対象財産の言い分に2000万円以上の乖離がある。調停期日を重ねてもなかなか溝は埋まらないので、Q弁護士としては、X氏の早期離婚の希望が強いこと、Y氏の不貞行為の証拠がある程度あること、そしてY氏から特有財産に関する資料がなかなか出てこないことにかんがみると、調停は不調にして裁判にした方がよいのではないかと考えている。

現場力

1. 不調の時期を見極める

　調停が膠着状況となった場合にも調停を継続する意義があるかについては、慎重かつ早急に検討する必要があります。依頼者が早期の離婚を望んでいる場合は、いつまでも相手方の引き延ばし作戦に乗る必要はありません。

　もっとも、当方が所持する離婚事由に関する証拠が乏しく、かつ別居期間もそれほど長くない場合は、裁判をしてもすぐに離婚が認められるとも限りません。調停委員に説得を続けてもらえば、いずれ離婚が成立するかもしれません。双方が所持する証拠に応じて裁判の見込みを立てながら、調停を不成立にしてしまってよいかどうかを慎重に考えます。

2. 調停委員が事案の整理ができているか、確認する

　調停を不成立とするかを見極める前提として大事なのが、調停委員が事案を正確に把握し、整理しているかを確認することです。調停委員は必要に応じて裁判官と進行等に関する協議をしていますから、裁判官にも正確に話が伝わるように、調停委員には正確に事案を把握してもらう必要があります。都度確認し、説明不足があればすぐに補わなければなりません。

　裁判官に直接説明する機会なしに、裁判官から調停案を提示されることもまま見られます。事案を正確に把握した裁判官からの調停案は、今後訴訟提起する際にも参考になることが多いですから、調停委員への説明の段階から留意しておくとよいでしょう。

3. 裁判官と話す

　調停委員は、事案にも人にもよりますが、調停成立のために我慢強く調停期日を重ねてくれます。できる限り調停での解決というのはよいのですが、早急に離婚をしたい場合に、かえってそれが足かせになる場合もあります。金額の乖離が著しくなかなかそれが埋まらないのに、調停委員が我慢強く説得を重ねており終了が見えなくなっている場合は、裁判官との面談を希望するのもよいかもしれません。しかし、裁判官も、調停の申立てがあった以上はできる限り調停で解決するとの考え方を持っていますから、簡単に調停の打ち切りを認めない傾向にあります。したがって、当事者の主張の隔たりが大きいからといって、第1回調停期日で直ちに不成立になることは滅多にないといってよいと思います。最低でも2回ないし3回の調停は、覚悟しておくべきだと思います。

[西田弥代]

【離婚調停】Act Ⅱ　離婚調停の場面にて

現場力の Essence

■ 相手方の引き延ばし作戦には応じない

■ 双方の保有する証拠や別居期間等により、裁判にするのが早急かつ有利な解決となるか考える

■ 裁判官に正確に事案を伝える前提として、調停委員に正確に事実を伝えなければならない

■ 調停委員が我慢強く説得を重ねているが調停の見込みがない場合は、早急に裁判官と話したい旨希望する

Act

Ⅲ

調停期日と
調停成立の場面にて

【離婚調停】Act Ⅲ　調停期日と調停成立の場面にて

Monologue

　ある日、同期の弁護士の紹介で、Q弁護士のもとに、X氏が離婚の相談に訪れた。X氏は会社員のY氏と結婚して10年となり、Y氏との間には、5歳の息子が一人いるとのことである。

　結婚すると同時に、X氏は勤めてきた会社を退職し、その後10年間専業主婦をしてきた。Y氏は、家事育児を一手にこなすX氏に対して、一度もねぎらいの言葉をかけたことがないどころか、せっかく準備した食事を「外で食べてきたから」と捨ててしまったり、「そんなこともできないのか」などと常にX氏を馬鹿にする態度で接し続け、X氏は常日頃から「夫とは離婚した方が幸せなのではないか？」と悩んでいた。そのような中、Y氏の様子がおかしかったため、浮気を疑い、X氏が問い詰めると、Y氏は、「誰にメシ食わせてもらってると思ってるんだ！」「何だその態度は！」と激昂し、何も悪くないX氏に対して数々の罵声を浴びせかけた。そのことがきっかけで、X氏はついに離婚の意思を固めたという。

　X氏は、すでにY氏と暮らしていたマンション（5年前の息子誕生を機に35年ローンで購入）を出て息子とともに自身の実家での生活を開始し、半年が経過しているとのことである。

　Q弁護士は、X氏から離婚事件を受任し、まずはY氏との裁判外交渉を試みたが、X氏もY氏も子どもの親権を主張して譲らず、また、預金等の夫婦の財産をすべて管理していたY氏が任意に預金等資産の詳細を開示しないため、財産分与の具体的な話合いをすることもできなかった。そこで、Q弁護士は、協議による離婚は困難と判断し、調停申立てを行うこととなった。

| Scene i | 子の親権者と養育費を決定する

Scene i 子の親権者と養育費を決定する

Prologue

　調停申立て前の交渉段階においても双方が強く対立していた親権の帰属について、調停手続においても双方が全く譲らず、また、養育費についても、相変わらずY氏が源泉徴収票等の資料を開示しなかったため、調停手続は困難を極めた。親権がX氏になり、養育費の額が決まったとしても、Y氏はこれまでも転職を繰り返しており、「独立して自営することも考えている」などの発言もあり、不払いになった場合には、簡単に給与差押えというわけにもいかなそうだ。

1. 親権を取得するため、考慮要素を意識する

(1) 考慮要素は何か

　親権を取得するために、調停において考慮される要素としては、次のようなものが挙げられます。

ア．親権者の適格性
①現在までの子どもの養育状況
②今後の養育方針および養育環境
③一方の当事者が親権者となるのが適当な理由（年齢、性格、教養、健康状態、資産、収入、職業、住居、愛情の程度等）
④他方の当事者が親権者となるのが不適当な理由
イ．子どもの意向
ウ．子どものきょうだい

【離婚調停】Act Ⅲ　調停期日と調停成立の場面にて

　親権者の適格性、すなわち、妻と夫のいずれが親権者にふさわしいかという点は、上記ア①ないし④の客観的な事実より評価されることとなります。したがって、これまでどちらが主として子どもの養育を担ってきたか、また、今後、どのように子どもの養育をしていくか、という点を調停委員や裁判官にわかりやすくアピールすべきです。

　アピールを成功させるためには、子どもと自身の1日および1週間のタイムスケジュールを作成して提出したり、現在養育している居宅の周辺環境や居宅内容の様子を地図、図面や写真で提出したりして、子の養育状況について具体的なイメージを描きやすくする方法が考えられます。

　なお、結婚生活に耐えられなくなったとして、子どもを置いて出てきてしまってから、弁護士に離婚の成立と親権の獲得を依頼するというケースもあります。そこまで精神的に追い詰められてしまった状況は同情に値する場合が多々ありますが、親権者の適格性の要素である「今後の養育方針および養育環境」をより具体的に示すためには、子どもの養育が現状うまくいっていることを示すことが最も有効な手段ですので、子どもを置いて出てきてしまった場合、これを示すことが困難となります。別居前に法律相談を受けた際には、家を出る際には必ず子どもを連れて出ること、そのための環境を検討し、整えておくことをアドバイスすべきです。まずは家を出てしまい、それから子どもを迎え入れる環境を整えようというのでは遅きに失する場合もあることに注意すべきです。

　子どもの意向に関して、子どもが15歳以上であれば、子の陳述の聴取が必要的とされています（人事訴訟法32条4項、家事事件手続法169条2項参照）。実務では、子どもがおおむね10歳前後以上であれば、その意思を確認するとされているようです。ただし、幼い子どもは特に、同居親に影響を受けやすい傾向にあるため、真意を捉えるのが困難な場合が多くあります。そこで、親権に大きな争いがある場合には、親権者の適格性、子の真意の確認のため、家庭裁判所調査官による調査がなされることがあります。実際に、私自身も、面会交流の際には、「ママとずっと一緒にいたい」と言っていた子どもが、父親の前では、「パパと一緒にいたいの！」

と泣いて訴える姿を見て驚いた経験がありました。おそらく、子どもにとっては、どちらも本心なのでしょう。

　子どものきょうだいに関しては、子どもに兄弟姉妹がいる場合には、これを分離しないように配慮される場合が多いといえます。ただし、子の年齢や状況によっては、分離することに問題がない場合もあり、必ずしも優先される事項とまではいえません。たとえば、すでに全寮制の高校に通う兄と一方の親権者と同居する妹の場合には、兄は経済的基盤が盤石である者を親権者とし、妹は身上監護が盤石である者を親権者とするという形で親権者を別にするという判断は十分にあり得ます。

(2) 提出すべき資料は何か

ア．家庭裁判所調査官の調査において役立つものとされているもの

　家庭裁判所の調査において役立つとされている資料としては、次のようなものがあり、これらは調停において親権の主張をするにあたり、あらかじめ裁判所に提出すべきです。

- 子のスケジュール表（起床から就寝までのタイムスケジュールを、養育状況がわかるよう、詳細に記載する）
- 子の生育史（時系列表）
- 子の心身の状況（発育、発達、病歴）
- 間取り図（現在の養育状況）

イ．陳述書

　親権を主張する者の陳述書、子およびきょうだいの陳述書（15歳以上の場合、10歳前後の自分自身の意向を表明することができる年齢に達している場合）、養育を支援する祖父母や親族等の陳述書が考えられます。

　調停手続においては、陳述書の提出は必須とされているものではありませんが、人事訴訟においては、書証として陳述書の提出が要求されます。

　東京家庭裁判所本庁においては、人事訴訟事件の進行に応じて提出する書面の書式等として、子の監護に関する陳述書記載項目および提出資料のチェックリストを裁判所ホームページに公開しており（書式1）、陳述

書の記載例も公開しています（http://www.courts.go.jp/tokyo-f/saiban/tetuzuki/zinzi_soshou/index.html）。裁判所がどのような点を親権者の判断要素とするのかがよくわかり、参考になります。

　陳述書を作成するとなると、自身の気持ち、相手方への不満等を十分に記載してほしいと要望する依頼者もいますが、冗長で的を得ない陳述書になることを避けるため、そのような依頼者には、上記チェックリストや記載例を示し、裁判所が重視するポイントとそうではないポイントを示し、理解を求めるのがよいと思います。

2. 養育費を決定する

(1) 養育費算定表の活用

　養育費は、双方当事者の意向により定めるものですが、合意がまとまらない場合には審判により定められることとなり、その場合は、基本的には算定表に従って決定されますので、あまりにも高額の養育費を要求して譲らない依頼者に対しては、その旨をよく説明することが必要となります。

　しかし、すでに私立一貫校に在籍中または入学が決まっており、親権者の収入と算定表より算出される養育費のみでは当該学校を退学あるいは入学辞退せざるを得ない場合、子どもに高額医療費がかかる疾病がある場合など、算定表の範囲内では不足することが明らかな事情がある場合もあります。そのような場合には、特別な事情があるものとして、当該事情を十分主張立証し、算定表以上の養育費の支払いを求めることとなります。

(2) 提出すべき資料

ア．自身および相手方の収入に関する資料

①会社員の場合

　各種控除前の金額が基礎収入となります。これを裏付ける資料としては、源泉徴収票、給与振込先通帳、給与明細、課税証明書などがあります。

②自営業者の場合

　課税される所得金額（各種控除後の金額）が基礎収入となります。これを裏付ける資料としては、確定申告書の控え、売掛金等振込先通帳、報酬

| Scene ⅰ | 子の親権者と養育費を決定する

【書式 1】子の監護に関する陳述書記載項目等

平成　年(家ホ)　　　号(原告　　被告)　　反訴　平成　年(家ホ)　　　号(原告　　被告)

子の監護に関する陳述書記載項目等

※陳述書及び資料は、書証として提出してください。　　　　　　　提出期限：
　（相手に知られたくない情報は、マスキングするなどの工夫をしてください。）　　年　　月　　日

	陳述書記載項目	提出資料
あなたの生活状況	■生活歴 　（学歴、職歴、婚姻及び離婚その他生活歴上の主要な出来事）	□
	■現在の職業の状況 　（勤務先、業務内容、職務内容、勤務時間、休日、残業の頻度）	□
	■経済状況（主な収入と支出）	□源泉徴収票、確定申告書、給与明細等
	■健康状態（現在の心身の状況、既往症）	□診断書 □
	■同居者とその状況（氏名、年齢、続柄、職業、健康状態）	□
	■住居の状況（間取り、利用状況、近隣の環境）	□間取り図 □最寄り駅から住宅までの地図
お子さんの状況	■生活歴 　（同居家族、居住地、保育園・幼稚園・学校名） ■これまでの監護状況 （日常の衣食住やしつけについて誰がどのように世話をしてきたか） 　ア　出生〜別居、　イ　別居〜現在	□
	■一日の生活スケジュール（平日及び休日）	□
	■心身の発育状況、健康状態及び性格 　（出生から現在までの状況、既往症がある場合は治療状況）	□母子健康手帳 　（保管している方が提出してください） □診断書
	■現在の通園・通学先における状況 　（園・学校名、所在地、出席状況）	□園の連絡帳、学校の通知表 　□平成　　年度〜　　年度分 　□過去　年分
	■父母の紛争に対する認識、あなたからお子さんへの説明	
	■別居後の、同居していない親とお子さんとの交流の状況 　（面会・手紙等の交流の状況）	□
監護補助者	■監護補助者について 　（現在、監護を補助している方又は今後の補助を予定している　方。氏名、年齢、住所、続柄、職業、健康状態）	□ □
	■具体的な監護補助の状況	□
監護計画	■親権者となった場合の具体的な監護計画	□
	■親権者となった場合、親権者でない親とお子さんとの交流について考え	□
その他	※お子さんの監護に関して、参考となる事項があればお書きください。	□ □

(注) 資料は例示の他に必要に応じて添付してください。
　　　監護補助者については、日常的にお子さんの監護を補助している方、又は今後監護を補助する
　　　予定の方がいる場合に記載してください。

出典：裁判所ホームページ

65

等振込先通帳、課税明細書などがあります。

確定申告書の内容に関しては、疑義がある場合（本来経費に算入すべきでないものを多額に算入している場合等）もあります。このような場合には、疑義の内容を裏付ける資料（明細のわかる領収書等）を提出するなどして、その旨を具体的に主張すべきです。

なお、離婚を切り出した途端に、相手方が身辺の管理を厳重にするようになったり、別居を先行させてしまったりすると、相手方に関する上記の資料の入手が困難になることがあります。そこで、離婚を検討しているという段階で相談を受けたら、必ず相手方の収入や資産に関する資料を相手方に悟られないうちに、十分に収集しておくように指示すべきです。

イ．特別な事情の裏付資料

前述のとおり、特別な事情がある場合には、養育費算定表以上の養育費の支出を求めることとなるため、当該事情にかかる資料を提出する必要があります（先の例でいえば、私立一貫校に在籍中にかかる費用に関する資料、高額医療費がかかる疾病がある場合の医療費に関する資料等）。

(3) 養育費に関して調停条項中で取り決めるべき事項

養育費に関して調停を成立させる場合には、次の事項について取り決めなければなりません。

ア．支払額

イ．支払方法・支払時期（一括・分割、振込・持参、保険加入等）

支払方法に関しては、月額の分割払いとして、「毎月○日限り、○○円」とする場合が多いですが、相手方の継続的な支払いに不安がある場合や関係性を早期に断ちたい場合には、一括での支払いを求めて交渉をし、認めてもらうこともあります（ただし、成人に達するまでの養育費を一括前払いし、その余の養育費請求権をすべて放棄することはできません）。また、一括払いで学資保険や生命保険に加入してもらうなどの方法で、養育費の一部または全部の支払いに代えることもあります。

支払方法については、銀行振込、現金書留による郵送、現金手渡し等が

ありますが、どれにするかは協議で定めます。銀行振込の場合は、あくまで子どものための支払いである趣旨を明確にするために、振込先口座を子ども名義のものにするという取り決めをすることも多く行われています。中には、支払義務者から、子ども名義の銀行預金に送金したいとの強い要望が出されることもあります。

ウ．終期

　終期に関しては、成人までというのが原則ですが、大学卒業年の３月までとすることもかなりあります。終期をいずれとするにしても、終期が不明であると、強制執行ができない可能性が出てきてしまうため、年月は明確に定めておくべきです。

エ．事情変更の場合に備えた確認条項

　子どもが小さい場合には今後どのような特別な出費があるかという点の予測は困難です。そのため、「子が入院、入学等により高額の養育費用を要するに至った場合には、その費用の負担について、当事者双方で協議する」など、確定した養育費以上には一切要求しない趣旨ではないことを注意的に定めておいた方がよいでしょう。これを記載しておかなかったために、子どもの高校進学費用でひどくもめたことがあったと友人の弁護士から聞いたことがあります。

3. 調停で親権者が決まらないとき

　調停で親権者が決まらない場合、通常は、調停不成立となり、人事訴訟において離婚とともに解決を図ることとなりますが、離婚と親権者の指定とを分離し、①離婚についてのみ調停を成立させ、親権者指定については、調停を不成立として審判事件に移行して判断する方法、②親権者の指定については、後日審判によって定めるとして、全体について調停を成立させる方法が採られることもあります。そこで、離婚の合意ができているものの、親権者のみが決まらないという場合で、当事者が離婚の成立を急いでいるような場合には、そのような方法を採るよう調停委員会に対して求め

【離婚調停】Act Ⅲ　調停期日と調停成立の場面にて

ることも、検討すべきです。

　戸籍実務では、調停調書に「1　申立人と相手方は、離婚する。2　当事者間の子○○（平成○年○月○日生）の親権者は、○○家庭裁判所の親権者指定に関する審判手続により定める」と記載されている場合には、離婚届を受理して差し支えないとされています。

現場力の Essence

■ 親権を獲得したければ、別居後の養育環境を整えて養育実績を積むようにする

■ 養育費算定に必要な資料収集は十分に行ってから別居することにする

■ 離婚の合意はできているが、親権者のみが決まらない場合には、親権者は後日審判で定めることとして、離婚についてのみ調停を成立させることもできる

⊕ Intermezzo

異論・反論付

子の監護に関する陳述書の草案を本人に書かせるか

白森弁護士

　本人が陳述書に記載したいと要望する事項と裁判所が親権者を判断するために確認を要望する事項とは、往々にして乖離がある。そのため、本人の要望は十分に聞き取るようにするが、陳述書の草案を本人に書かせるということはせず、裁判所の求める事項を中心に、弁護士の方で作成するようにしている。ただし、調停手続の場面では、本人の気持ちを吐き出すことができる局面を見極め、「先日おっしゃっていた……のことをお話したらどうですか？」などと促し、なるべく調停委員の前で気持ちを直接話すことができるようにしている。

赤林弁護士

　私も、白森弁護士と同様、本人に陳述書の草案を書かせるということは、あれもこれもと感情的なことばかり記述し、必要なことには触れないなどという結果になりかねず、得策ではないので、「裁判所はこのように考えているので、これに沿って出しましょう」などと言って、東京家庭裁判所のホームページに掲載されている書式例を示し、弁護士の方で作成することを納得してもらえるようにしている。そして、依頼者が、自分の気持ちがわかってもらえないと不満を抱かないように、調停委員に対しては、依頼者の気持ちを代弁して話をする場面をなるべく多く持つようにしている。

緑木弁護士

　特に離婚事件の場合、依頼者が自分の考えを吐き出すことができないと、弁護士に対して不満を持つ場合が多いので、これまで、裁判所が要望する事項に関する資料の提出とは別に、依頼者に陳述書草案の作成をさせることもあった。ただ、白森弁護士や赤林弁護士が言うように、調停期日の手続内で依頼者に自分の考えを吐き出させる場面を作るようにすることや陳述書内にうまく依頼者の気持ちを紛れ込ませることもできるので、陳述書草案を依頼者自身に作成させることまでは不要かもしれない。

Scene ii 面会交流について取り決める

Prologue

　調停手続の中で何度か協議が行われた結果、子どもの現在の養育状況に問題がなく、子どもも今の生活に順応していること、これまでの養育状況について、夫Y氏はあまり育児に積極的に関与してこなかったことなどが考慮され、親権者は依頼者X氏に決まった。そうであればと、Y氏は今度は子との面会交流に固執していて、X氏は難色を示している。Y氏は誕生日やクリスマスなどに関係なく物を買い与えて気を引こうとするので、子の教育上よくないし、Y氏に会わせればY氏の両親が出てきて、Y氏と一緒になって自分の悪口を子どもに吹き込むに違いないので、嫌だとのことである。そのような理由では、裁判所は面会交流を認めないという判断にはならないだろうから、まずはX氏に裁判所のスタンスを説明するところから始めなくては……。

現場力

1. 裁判所の基本姿勢を依頼者に説明する

　裁判所は、基本的には、子どもの健全な発達のためには、面会交流が有益であるとの考えを有しています。近時は、親権者を決定するにあたっても、面会交流を柔軟に認めるかという観点を考慮する傾向にあるようです。そこで、面会交流を求める申立てがあった場合には、調停が不成立となり審判に移行すれば、明らかな阻害事由（子に対する暴力や精神的肉体的虐待のおそれ、連れ去りの危険性など）がない限り、面会交流が認められるであろうこと、そのため、調停委員は、面会交流を認めるよう強く説得してくるであろうことを、依頼者にあらかじめ説明しておくべきです。

　それでもどうしても面会交流を認めたくないという依頼者の場合には、

【離婚調停】Act Ⅲ　調停期日と調停成立の場面にて

面会交流が子どもの健全な発達を阻害すると認められるような特別な事情が認められるよう、当該事情を裏付ける客観的な資料を収集してもらうことになります。

2. 面会交流の可否、頻度・方法等を決めるため、考慮要素を意識する

面会交流の可否、頻度・方法等を決めるにあたっては、次のような要素が考慮されます。

①子の意向

②子の監護状況、生活状況、心身状況

③子と非監護親との関係性

子の意向は、面会交流の判断にあたり重要な要素ですが、他方で、子どもは同居親の影響を受けて別居親に対して強い拒否を示すこともあり、真意が捉え難いことも多いため、子どもの年齢、発達の程度、それまでの養育環境や別居理由等から、意向に関する発言の信用性は慎重に判断する必要があるとされています。

調停委員の聴取のみでは上記①ないし③の点について把握できない場合や、当事者が子の意向・心情を把握できずにいると考えられる場合には、調査官による調査が行われることとなります。

3. 事実関係の調査、面会の実施に向けて調整する

面会交流の可否や方法を定めるにあたり、調査官が入ってきた場合には、家庭裁判所では次のような調査や手続が行われます。

⑴ 当事者からの聞き取り

両当事者に対し、面会交流に対する考え（面会交流を求める理由や求める内容、面会交流を拒否する理由等）を整理するため、聞き取りが行われます。

⑵ 子どもとの面接、家庭訪問

　子どもの意向や生活状況、心身の状況を確認するため、調査官により、子どもとの面接が行われます。その際には、心理検査が行われたり、生活状況や同居親・監護補助者との関係性を併せて把握するため、家庭訪問が行われることもあります。私自身は経験がありませんが、学校や保育園に行き、教師や保育士等と面接を行うこともあるとのことです。

⑶ 面会交流の試行

　家庭や裁判所の児童室などで、時間を定めて試行的な面会交流が行われます。調査官は、その場面を観察し、結果を分析して評価を行います。面会交流の試行は、複数回行われる場合と1回のみで終了する場合があります。複数回行われる場合には、すべてについて調査官が観察するというのではなく、たとえば双方当事者代理人が立ち会うなどして行い、その結果を裁判所に報告する方法が採られることもあります。代理人弁護士としては、連れ去り等の危険を回避しつつ、面会交流について適切な結論が導かれるよう、たとえば時間を決めた送迎に立ち会う、あるいは少し離れた場所で見守る形で立ち会うなど、面会交流の試行にはできる限り協力すべきです。最近はキッズスペース付きのカフェなども多数あり、私は、これを活用し、双方代理人が立ち会いの元少し離れた場所で見守りながらの面会交流の試行を行い、円滑に試行が実現できたという経験があります。子どもも、何もない部屋で別居親と一対一で向き合うよりも、遊び道具などが充実している方が、リラックスした様子を見せてくれました。ただし、当該立ち会いに関して、どのような形で費用を取り決めるかについては、依頼者と十分に協議をしておかなければなりません。

⑷ 調査報告書の作成

　上記のような調査を経て、調査官により調査報告書が作成されます。当事者は、当該調査報告書の内容を踏まえ、さらに調停手続の中で面会交流の可否・方法等について協議を行うこととなります。

4. 調停条項を作成する

　面会交流に関して調停を成立させるにあたり、取り決めるべき事項としては、次のようなものがあります。

(1) 頻度・1回あたりの面会時間

　面会交流を認め、調停を成立させるためには、頻度（○か月に1回、毎月第○日曜日、など）と1回あたりの面会時間を決める必要があります。面会を求める非監護者からは、できる限り多くの回数、できる限り長い時間、宿泊を伴う面会交流も認めてほしいなどの要望が多く出されます。

　まずは双方が折り合いのつく無理のない範囲内での頻度・時間を定め、協議による変更の余地を残すため、見直し条項を入れておくなどの方法で調停を成立させることが多くなっています（たとえば、「申立人と相手方は、申立人と子との宿泊面会が実現するよう誠実に努力することを約束する」など）。

(2) 面会場所、送迎方法

　面会場所を特定のエリアに限るか、特に定めないかという点や、送迎の方法を決める必要があります。

　連れ去りが危惧されるか否かにより、面会場所を限定するか、あるいは送迎を自身が行うか、相手方に行わせるかなどについて決めていくこととなります。場合によっては、同居親が立ち会うものとすることなどもあります。

　なお、離婚においては、義父母との関係不良が離婚の原因の一つとなっているケースも多いため、「面会交流は認めるが、義父母（子にとっての祖父母）には会わせたくない」との要望が出てくる場合もあります。そのような場合には、義父母の立ち会いの可否などについても協議して調停条項に定めることもあります。

(3) 面会に関する連絡調整方法

　子どもが急な体調不良に見舞われる、面会を毎月1回第○日曜日など

| Scene ⅱ | 面会交流について取り決める

と定めたものの学校行事が重なってしまうなど、面会を実現するためには、変更等に関しての事前連絡を避けては通れません。そこで、面会に関する連絡を、誰がどのようにするかを定めておく必要があります。

これに関連して、連絡先に変更があった場合には相手方に通知しなければならない義務を定めることも多くなっています。

⑷ その他

ア．第三者機関の利用

面会交流の実施にあたり、当事者間で連絡調整や子どもの受渡しなどが難しい場合には、第三者機関を利用するという方法もあります。

支援、援助の内容としては、第三者機関の職員が①面会交流に立ち会う方法、②子どもの受渡しを援助する方法、③日程調整などの連絡を仲介する方法などがあり、援助の内容により費用も変わってきます。

利用を検討する場合には、どの機関を利用するか、どの支援・援助を利用するか、費用はどちらがどのように負担するか、を決める必要があります。

イ．学校行事への参加の可否

卒業式・授業参観・運動会・学芸会等の学校行事への参加の可否を決めておきたいなどの要望が出され、参加の可否・範囲・方法を協議して定めた方がよい場合があります。

【離婚調停】Act Ⅲ　調停期日と調停成立の場面にて

現場力の Essence

■ 裁判所は、特別な事情が認められない限り面会交流請求を認容することをあらかじめ心得て、依頼者に説明する

■ 無理のない範囲内での頻度・時間を定め、協議による変更の余地を残すため、見直し条項を入れておく方法もある

■ 面会交流実現のための連絡方法・連絡先の確認も忘れずに行う

■ 面会交流を求める依頼者には、学校行事等への参加要望の有無も確認する

Intermezzo 面会交流を拒絶する依頼者にどこまで説得を試みるか

異論・反論付

白森弁護士

　調停で面会交流を拒絶しても、特段の事情がない限りは、審判で認められてしまうことになるので、そのことを依頼者に十分に説明するが、それでも拒絶するということであれば、依頼者の意思に従うことにしている。調査官による調査が入ったり、調停委員から説得をされる中で、次第に面会交流について理解を示していく依頼者も多いように思う。

赤林弁護士

　私も、できる限り依頼者を説得するようにしている。面会交流について前向きな姿勢を示すことが、親権の獲得にも有利になる傾向がみられるので、そのことも説得材料として説明するようにしている。また、子どもが小さいうちであれば、「子どもが成長すれば、面会交流を継続したいかどうかを親の意思に関係なく意思表示するようになるので、そのときまでの辛抱ですよ」という説明をすることもある。

緑木弁護士

　最終的には審判で認められてしまう可能性が高いことは説明しつつ、依頼者の信頼を獲得するために、無理な説得はしない。ただ、赤林弁護士のように、説明の仕方にも色々な工夫の仕方がありそうなので、タイミングをみて、もう少し説得するようにしてもよいかと感じた。

【離婚調停】Act Ⅲ　調停期日と調停成立の場面にて

Scene iii 財産分与を取り決める

Prologue

　依頼者Ｘ氏の夫Ｙ氏は、養育費を算定するにあたっての収入に関する資料もなかなか自主的に提出しなかったが、財産分与を取り決めるにあたっての資産に関する資料もなかなか提出に応じない。給料はすべて自分で管理していたので、預貯金はありそうであり、株式など隠している資産があるようにも思われる。また、ローンが残っているマンションについて、Ｙ氏は売却する意思はないようであり、どのように分けるのが一番よいかも悩ましい。

現場力

1. 夫婦共有財産の内容を明らかにする

(1) 権利の割合＝2分の1ルール

　夫婦が婚姻して共同生活中に形成した財産は、原則として夫婦が協力して形成されたものであり、財産形成に対する寄与や貢献の程度は、夫婦平等とするのが家庭裁判所の実務です。そのため、離婚する場合は、これを夫婦共有財産として、原則として2分の1の権利を主張し、財産分与を請求することとなります。妻が専業主婦の場合、夫側から「これだけの財産を築いたのは自分の財テクの才覚があったためであり、妻は財産形成に何の寄与もしていないから、私の寄与を高く評価すべきである」という類いの主張がなされることがありますが、そのような主張は、裁判所においてはほとんど顧みられることがないといってよいと思います。

(2) 相手方が夫婦共有財産を開示しない場合

　夫婦の一方が財産を管理しており、その名義も一方の名義になっていて、

夫婦共有財産の内容が不明であり、かつ、当該財産を管理していた当事者がその内容を自主的に開示しないという場合があります。

このような場合には、調停委員を通じて、開示の説得をしてもらいますが、それでも開示に応じない場合には、弁護士会照会や調査嘱託の手続を利用することとなります。ただし、どのような種類の財産があるのかすらわからないという場合には、これらの手続を利用することも困難ですので、離婚を検討しているという段階で相談を受けた場合には、金融機関、保険会社、証券会社から郵便物等が届いていないか、どのような郵便物が届いているかなどをよくチェックしておくように指示しておくべきです。なお、相手方宛に届いている郵便物を無断で開封することにはプライバシーの関係で問題がありますので、弁護士として、これらの封書を開封してもよいというアドバイスをすることは避けるべきです。

2. 財産を評価する

分与対象となる財産が明らかになったら、その評価が問題となります。評価の基準時は、別居が先行している場合には別居時、別居が先行していない場合には調停成立の直近時となるとされていますが、預金などについて、管理している者が不当に引出しをしていることが明らかな場合には、基準時を当該引出し前の時点とすることもありますから、この点も協議をする必要があります。また、不動産や株式などは、処分をしなくても別居時と分与時で評価額が変動するので、別居の有無にかかわらず調停成立の直近時を基準時とする取扱いが一般的です。

財産分与の対象と評価額に関する双方の主張を整理するため、裁判所からは、「婚姻関係財産一覧表」の提出を求められることがあります。東京家庭裁判所のホームページに書式や作成にあたっての注意事項が掲載されており、参考になります（書式2）。
(www.courts.go.jp/tokyo-f/saiban/tetuzuki/zinzi_soshou/index.html)

【離婚調停】Act Ⅲ　調停期日と調停成立の場面にて

【書式 2】婚姻関係財産一覧表（ひな形）

平成○○年(家ホ)第○○号　　**婚姻関係財産一覧表（ひな形）**　　（別紙）

平成○○年○月○日　○○作成

原告名義の資産・負債（基準時・平成00年00月00日）

番号	項目		原告主張額	証拠	被告主張額	証拠	備考
1	不動産						
1-1	（不動産の地番等を記載）		（現在の時価額を記載）		（左と同じ。以下同じ）		（特有財産の主張等、特記事項を記載）
1-2							
2	預貯金						
	金融機関名	種目・口座番号					
2-1	（銀行・支店名等を記載）	（預貯金の種類・口座番号を記載）	（基準時の残高を記載）				
2-2							
3	生命保険						
	保険会社	種別・証券番号					
3-1	（保険会社名を記載）	（保険の種類・証券番号を記載）	（基準時の解約返戻金相当額を記載）				
4	退職金						
4-1	（会社名、入社年月を記載）		（基準時における退職金額を同居期間で按分した額等を記載）				
5	株式						
	銘柄	数量					
5-1	（銘柄を記載）	（株数を記載）	（現在の時価を記載）				
6	負債						
	金融機関名						
6-1	（銀行・支店名等を記載）	（住宅ローンについては、不動産との関連を明記）	（基準時の残高をマイナス符号をつけて記載）				
	原告名義の資産・負債の合計		¥0		¥0		

被告名義の資産・負債（基準時・平成00年00月00日）

番号	項目		原告主張額	証拠	被告主張額	証拠	備考
1	不動産						
1-1	（不動産の地番等を記載）		（現在の時価額を記載）				（特有財産の主張等、特記事項を記載）
1-2							
2	預貯金						
	金融機関名	種目・口座番号					
2-1	（銀行・支店名等を記載）	（預貯金の種類・口座番号を記載）	（基準時の残高を記載）				
2-2							
3	生命保険						
	保険会社	種別・証券番号					
3-1	（保険会社名を記載）	（保険の種類・証券番号を記載）	（基準時の解約返戻金相当額を記載）				
4	退職金						
4-1	（会社名、入社年月を記載）		（基準時における退職金額を同居期間で按分した額等を記載）				
5	株式						
	銘柄	数量					
5-1	（銘柄を記載）	（株数を記載）	（現在の時価を記載）				
6	負債						
	金融機関名						
6-1	（銀行・支店名等を記載）	（住宅ローンについては、不動産との関連を明記）	（基準時の残高をマイナス符号をつけて記載）				
	被告名義の資産・負債の合計		¥0		¥0		
	原告名義・被告名義の資産・負債の合計		¥0		¥0		

出典：家庭裁判所ホームページ

| Scene ⅲ | 財産分与を取り決める

3. 分割方法を協議する

　財産分与の対象が明らかになり、その評価額も確定した場合には、どのように分割するかを協議する必要があります。①当該財産を換価して金銭で分割する方法、②当該財産の名義を変更する方法、③当該財産の名義はそのままとした上で評価額を現金で清算する方法などがあります。

　評価額を現金で清算する場合、分割払いを要求されることもありますので、その場合には、支払額と支払時期を明確にした上で、懈怠約款や遅延損害金に関する取り決めもしておくべきです。

　よく争いになるのは、住宅ローンの抵当権付不動産の財産分与です。妻が不動産の取得を希望するが、住宅ローンの債務者は夫になっているという場合が典型的です。この場合、妻に財産分与による取得を認めたとしても、妻に十分な返済資力がなければ、金融機関はローン債務者の変更を認めないことがほとんどです。そのような場合には、妻がローン引き落とし口座に毎月の返済金相当額を振り込む方法で支払うことにより残ローン債務を負担する旨の条項を取り決めたりして解決を図ることが行われています。その他、夫婦が連帯債務者となる住宅ローンがある場合など、住宅ローンの抵当権付不動産が財産分与の対象となる場合には、取り決めが複雑になることが多いので、銀行実務を確認したり、調停実務をはじめとする文献を調査したりして、どのような方法が適切か、検討しておかなければなりません。

現場力の Essence

■ 夫婦共有財産の権利の割合は2分の1が原則

■ 相手方の保有する財産の調査は、事前に慎重に行う

■ 評価額が変動する財産の評価は、別居の有無にかかわらず調停成立の直近時を基準時とする取扱いが一般的である

■「婚姻関係財産一覧表」を作成すると明快である

【離婚調停】Act Ⅲ　調停期日と調停成立の場面にて

Scene
iv 慰謝料を決定する

Prologue

　依頼者のＸ氏は、夫Ｙ氏から直接的な暴力を受けたわけではないが、「そんなこともできないのか！」などの言葉の暴力は日常茶飯事であったし、婚姻期間中に浮気が疑われたことは多々あるし、自分は収入総額を隠して自由にお金を使っていたのに、専業主婦であるＸ氏に月々渡されるお金は非常に少なく、やりくりに苦労させられたことは経済的ＤＶともいえるはずなので、慰謝料が支払われて当然だと主張している。

　不貞行為の客観的な裏付資料は特になく、また、月々渡されていた金額も、今回の調停で明らかになった夫の収入に照らし、余裕があるものではないが、低額にすぎるかどうかは微妙なところである。慰謝料が支払われるべきものと判断される事案かどうか、また、支払われるべきと判断されたとして、どの程度の金額が相当なのかの見通しを立てるのが非常に難しい。

現場力

1. 慰謝料が発生する場合について説明する

　マスコミなどで報道される芸能人や著名スポーツマンの離婚のニュースでは、慰謝料がいくらかということが話題にのぼるため、離婚をすれば必ず慰謝料を請求できると考えている相談者や依頼者が結構多くいます。

　しかし、弁護士から見れば、夫婦の一方が離婚原因を作出したこと（不貞行為やＤＶなど）が認められれば、不法行為に基づく損害賠償請求として慰謝料請求が認められますが、実際は、不貞行為やＤＶの立証が難しかったり、離婚原因がどちらか一方ではなく、双方の価値観の相違や感情の行き違いの積み重ねにあることが多く、法律上慰謝料請求が認められない案件の方が認められる案件よりもはるかに多いという印象です。

そこで、離婚の相談を受けたときは、まずこの点を説明し、離婚による経済的ダメージの回復に関しては、財産分与や婚姻費用・養育費の請求がメインとなることを相談者に理解してもらうことになります。それでも慰謝料請求に強いこだわりがある場合には、不貞行為やＤＶなど離婚原因といえる事実の立証活動に注力していくこととなります。

2. 慰謝料の額を決める

夫婦の一方が離婚原因を作出したことを立証できた場合には、当該離婚原因の内容、婚姻期間、婚姻および離婚時の夫婦の年齢、夫婦の収入、子どもの有無、人数および年齢等を考慮した上で、慰謝料の額が検討されることとなります。

このように、慰謝料の額は、ケース・バイ・ケースで判断されますので、相談者や依頼者から、相場はいくらなのかと質問される場合には回答に窮します。東京家庭裁判所の平成 24 年 4 月から平成 25 年 12 月までに終結した裁判の判決を分析した報告（神野泰一「離婚訴訟における離婚慰謝料の動向」ケース研究 322 号 26 頁）によれば、慰謝料が争われた案件で、慰謝料請求が認容されたのは全体の 37% であり、かつ、認容された案件のうち 52% が 100 万円以下（10 万から 99 万が 12 件、100 万円が 27 件）とのことです。このデータは、貨幣価値がほとんど変わらない現在でも通用すると思いますから、数百万円の慰謝料が認定されるケースは極めて少ないという回答はしてもよいのではないかと考えます。

3. 支払方法を決める

一方当事者が慰謝料（慰謝料としては認めたくないとの要望から、「解決金」「和解金」と称することもあります）の支払いを認めた場合には、支払方法を協議することとなります。

一括払いと分割払いが考えられますが、いずれについても、支払義務、支払金額、支払時期を明確に定め、不履行があったときは強制執行ができる条項にしておくべきです。分割払いの場合は、懈怠約款や遅延損害金に関する取り決めもしておくべきです。

【離婚調停】Act Ⅲ　調停期日と調停成立の場面にて

現場力の Essence

■ 法律上慰謝料請求が認められないものが多いことを依頼者に説明する

■ 数百万円単位の慰謝料が認定されるケースは極めて少ない

■ 調停条項は、支払義務、支払金額、支払時期を明確に定め、強制執行ができるような条項にしておく

⊕ Intermezzo　　　　　　　　　　　　　　異論・反論付
離婚原因の作出を立証できないときに慰謝料請求に注力するか

白森弁護士

　離婚を求める場合あるいは相手方から離婚を請求された場合、相手方に対する慰謝料請求に固執するケースが多い。婚姻生活において蓄積した恨み辛みや離婚を請求されたことに対する怒りが、そのようにさせるのだと思われる。私はあまり相手方に対する恨み辛みをぶつけあう離婚事件が好きではないので、そもそも積極的に受任しないことにしている。そのため、慰謝料請求をしても、認められる可能性は低いことを説明し、手続を淡々と進めることを、受任前に依頼者に了承してもらうことにしている。

赤林弁護士

　離婚事件については、自身の言い分を相手方にぶつけることを依頼者が強く望むことが多いので、私は顧客満足度の観点から、見通しについてはシビアに説明しつつ、裁判所においては慰謝料請求の理由をできるだけ詳細に構成して主張するようにしている。時間が経過するにあたり、争点が絞られてきて、自然と依頼者の興味も慰謝料請求から他の重要な争点に移っていくのが通常のように思われる。

緑木弁護士

　私も白森弁護士と同様、離婚事件はあまり好きではないが、離婚の相談は件数としては多いので、積極的に受任するようにはしている。そして、依頼者に満足してもらうため、慰謝料請求も積極的に行うようにしている。ただし、着手金を決めるにあたり、経済的利益の金額に慰謝料請求額を含めるか、含めるとしていくらとするかは、悩みどころである。請求しても認められる可能性が低いことを説明して、見通しについて納得する依頼者については、慰謝料請求額を経済的利益として加算しないことにしているが、見通しを説明しても納得しない依頼者については、事案の進行に難儀することがその段階で予測できるので、「慰謝料請求にこだわるのであれば、その分着手金の算定の基準となる経済的利益に一定金額は上乗せさせてもらいますよ」などと説明して、一定程度加算した着手金をもらうようにしたりもする。後でトラブルにならないように、説明だけはしっかりしておきたい。

| Scene v | 年金分割をする

Scene V 年金分割をする

Prologue

　調停申立ての段階から、依頼者X氏の夫Y氏は厚生年金加入者なので、年金分割の請求も入れておきましょうという話になっていたが、いざ調停が成立しそうな局面になって、Q弁護士は、自身が年金分割の制度の詳細や実際の請求手続の方法を把握していないことに気が付いた。X氏に質問されたら答えられるように、少し調べておこう。

1．離婚時年金分割制度の仕組みを知る

(1) 2種類の制度がある

　離婚時年金分割制度には、合意分割と3号分割の2種類があります。

ア．合意分割

　合意分割制度とは、当事者の一方からの請求により、婚姻期間中の厚生・共済年金の保険料納付記録（厚生年金の場合には、その保険料の算定基礎となった標準報酬月額・標準賞与額）を当事者間で分割することができる制度です。その要件としては、①婚姻期間中の厚生・共済年金記録があること、②当事者双方の合意または裁判手続により按分割合を定めたこと（合意がまとまらない場合は、当事者の一方の求めにより、裁判所が、家事審判手続・家事調停手続・人事訴訟手続のいずれかの手続により按分割合を定めることができます）、③請求期限（原則として、離婚等をした日の翌日から起算して2年以内）を経過していないことがあります。

【離婚調停】Act Ⅲ　調停期日と調停成立の場面にて

イ．3号分割

3号分割制度とは、国民年金第3号被保険者（厚生年金保険の被保険者または共済組合の組合員の被扶養配偶者で、20歳以上60歳未満の者）であった者からの請求により、相手方の保険料納付記録を2分の1ずつ分割できる制度です。その要件は、①二人のうちの一方に第3号保険者期間があること、②請求期限（原則、離婚等をした日の翌日から起算して2年以内）を経過していないこととなっています。

⑵ 年金分割請求の対象は限定されている

年金制度の体系は、Ⅰ「国民年金」＝基礎年金（20歳以上60歳未満の全国民が加入を義務づけられている）を1階部分として、Ⅱ「被用者年金」（民間企業や官公庁等に雇用されている者が加入する年金）が2階部分、Ⅲ「企業年金」（企業がその実情に応じ、従業員を対象に実施する年金制度。厚生年金基金、確定拠出年金等）が3階部分、という構造になっています。

年金分割の対象は、このうちのⅡ「被用者年金」に限られます。そのため、厚生年金等に加入しない自営業者に対しては、年金分割の請求ができず、また、企業に勤めていて、当該企業に確定拠出年金などの制度があっても、その部分に対しては、年金分割の請求ができません。依頼者への説明を誤らないよう、よく頭に入れておきたいところです。

⑶ 手続は年金事務所で行う

合意分割、3号分割のいずれも、離婚成立後、年金事務所において、「標準報酬改定請求書」および必要書類を提出し、手続をしなければ、その効果は発生しません。3号分割の場合は、合意は不要ですので、請求者の年金手帳等や婚姻期間を明らかにできる戸籍謄本等の書類等の提出で足りますが、合意分割の場合は、所定の様式の合意書を二人揃って、または二人の代理人が年金事務所に直接持参して提出するか、公正証書や公証人の認証を受けた私署証書、審判（判決）書の謄本または抄本および確定証明書、調停（和解）調書の謄本または抄本を提出する必要があります。

2. 分割割合を決める

(1) 情報通知書を取得する

　まずは、年金事務所に対し、年金分割のために必要な情報通知書の請求をします。離婚をしていない場合、情報通知書は、請求者にのみ交付されます。調停申立てにあたり、年金分割を請求する場合には、情報通知書の添付が要求されます。

　情報通知書の見方は、日本年金機構のホームページ掲載のものがわかりやすいので参照してください（書式3）。

【離婚調停】Act Ⅲ　調停期日と調停成立の場面にて

【書式3】　参考「年金分割のための情報通知書」の見方

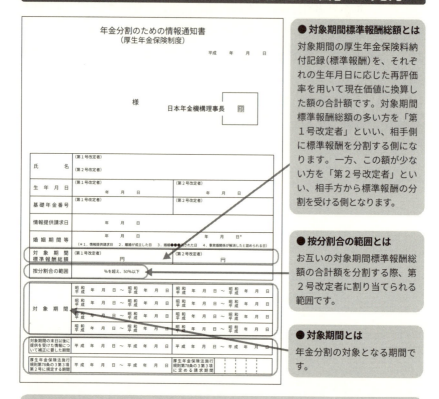

出典：日本年金機構ホームページ

| Scene v | 年金分割をする

⑵ 割合について協議する

　情報通知書をもとに、当事者間で分割割合について協議することとなりますが、裁判所では、原則として2分の1の割合とする方向で協議が進められ、あまりこの点で大きくもめた経験は、私自身はありません。

　もめた場合は、財産分与の場合と同様、対象期間における保険料納付に対する寄与度が2分の1よりも高い、あるいは低いことを主張・立証する必要があります。

3. 調停条項を作成する

　割合が決まったら、当該割合を調停条項に明記します。

　具体的には、「申立人と相手方との間の別紙記載の情報にかかる年金分割についての請求すべき割合を、0.5 と定める。」という条項になります。別紙として、情報通知書が添付されることとなります。

現場力の Essence

■ 離婚時年金分割制度の概要を把握し、依頼者に説明することを忘れずに

■ 情報通知書の取得は必須である

■ 按分割合は 0.5 が原則

Scene VI 調停条項を作成する

Prologue

　複数回の調停期日を経て、何とか争点となっていた親権者、養育費、面会交流、財産分与、慰謝料、年金分割のすべてについて、合意が成立する見込みとなり、次回期日に調停を成立させることとなった。Q弁護士は、ここで文言の調整に失敗すれば、今までの努力が無駄になってしまうため、調停条項をしっかり詰めて、次回期日に必ず調停を成立させたいと考えている。

1. 調停の成立時期を意識する

　家事事件手続法では、「調停において当事者間に合意が成立し、これを調書に記載したときは、調停が成立したものとし、その記載は、確定判決（別表第二に掲げる事項にあっては、確定した第39条の規定による審判）と同一の効力を有する」とされています（268条1項）。

　つまり、調停条項が調書に記載されて初めて調停が成立することとなるため、調停条項の文言等でもめると、調停成立のタイミングを逃すこともあり得ることとなります。そのような事態を回避し、間違いなく成立させるために、調停成立の見込みが立った段階で、調停条項案を作成しておき、期日より前に相手方と調整の上、裁判所にも送付しておくべきです。

2. 当事者の期日への出頭を確保する

　離婚は身分行為であるため、代理をすることはできず、調停を成立させる日に代理人である弁護士のみが出頭した場合には、離婚調停を成立させ

ることができません。そのため、調停成立予定の期日には、当事者の出頭を確保する必要があります。一方当事者が遠方に居住しており、どうしても期日に出頭できないという場合には、当該事情を裁判所および相手方に説明し、離婚調停に代わる審判をもらう場合もあります。ただし、やはり離婚という重要な身分行為に関して、後日「自身の本意でない内容で離婚させられた」などとの遺恨を依頼者に残させないためにも、調停成立の日には、できる限り出席するように説得すべきです。

なお、裁判所からは調停条項確認の場面で、双方当事者の同席を求められることもありますが、依頼者本人がどうしても相手方本人と顔を合わせたくないという事案の場合には、これを拒絶することができます。調停成立の前に、依頼者本人の希望を確認し、別席の要望があれば、あらかじめ裁判所に伝えておいた方がよいでしょう。裁判所は当事者の希望に反して強行に双方当事者を同席させるという運用はしていません。

3. 調停条項を作成する

戸籍実務の関係では、届出を申立人が行う場合は、「申立人と相手方は、本日、調停離婚する」で足りますが、相手方が届出を行うこととする場合は、「申立人と相手方は、相手方の申し出（届出）により、本日、調停離婚する」とする必要があります。

金銭給付に関して合意をする場合には、強制執行できるような文言にするよう留意しなければなりません。

不動産の所有権や持分の移転を合意する場合には、登記ができるような文言である必要があります。可能であれば、司法書士に文言の確認を依頼した方がよいでしょう。

また、面会交流の日時の取り決めなどのために、調停成立後も当事者双方が連絡を取り合わなければならないこともありますが、連絡は必要最低限にしたいとの要望を持つ当事者がほとんどです。そのため、登記必要書類の取り交わしや別居の場合の残置物の受渡しなどについても、調停期日の席上で可能なものは席上で行うこととして、なるべく多数回の接触を不要とする形で取り決めておくべきです。登記必要書類は誰が保管している

か、相手方当事者から受け取らなければならないものがないかどうかなどは、事前に十分に依頼者に確認をしておきましょう。

［堀川裕美］

現場力の Essence

■ 調停条項の文言でもめて不成立になるという状況を回避すべく、調停条項案作成を期日前に行う

■ 調停成立予定の期日には、当事者の出頭を確保する

■ 調停条項確認の際、相手方当事者との同席の可否を、依頼者に確認しておく

■ 必要書類や残置物の受渡しなどは、調停成立時までにできるよう段取る

Intermezzo 依頼者が出席したときにも期日経過報告書を作成するか

異論・反論付

白森弁護士

　基本的に、調停期日には当事者に出席してもらっているが、出席している場合でも、期日経過報告書は作成・交付するようにしている。私は、期日報告書は、後で依頼者と争いにならないように、また、費用の請求の根拠とするために作成しているので、依頼者が出席していても、書面に残しておくことに意味がある。

赤林弁護士

　私は、依頼者が出席している場合には、その場でのやりとりを見ているはずであり、出席していない場合と異なり自身の活動の成果をアピールする必要もないため、訴訟経過報告書は作成・交付していない。次回期日までの準備事項がある場合には、備忘のためにメールを送ることが多い。携帯メールを含め、メールが全く使えない依頼者というのは昨今あまりいないので、書面に残しておく必要まではないかと思う。

緑木弁護士

　私も赤林弁護士と同様、依頼者が出席している場合には、特に経過報告書を作成していなかった。ただし、依頼者があまり自分や裁判所の言っていることを理解していなさそうな場合には、確認（復習）の意味で、経過報告書を作成して交付することもあった。白森弁護士が言うように、後日紛争にならないようにしたり、

報酬請求の根拠を残しておいたりする必要性はいずれの依頼者においてもあるから、今後はいつも作成・交付するようにしたい。自分の備忘録にもなりそうだ。

Act

IV

調停成立後の場面にて

【離婚調停】Act Ⅳ　調停成立後の場面にて

🔦 Monologue

　　X氏の調停は、親権・養育費・財産分与・面会交流をめぐって大きく争いがあり、調査官による調査が入ったり、Y氏が資産や収入をなかなか開示しなかったり、いざ親権をX氏にという方向に話が進んでいくと、今度は面会交流に関して双方が細かいことを言い出したりして、難航を極めた。最終的には調停委員や双方代理人が、当事者双方に対して折り合うべき点を説得するなどして、無事、親権者をX氏とし、Y氏がX氏に対して養育費として月額5万円を支払う、財産分与として250万円を支払う、X氏はY氏に対して月1回5時間程度の面会交流を認める、年金分割の按分割合を0.5とする、という内容で成立した。

　　法的に妥当な解決を目指してうまく当事者を説得してくれない調停委員や相手方代理人がままいるといわれている中で、今回はそのような調停委員や相手方代理人ではなかったため、時間はかかったものの、最終的には当事者双方が納得できる内容での調停が成立して一安心だ。

　　離婚が成立したことを機に、今後は、二人の間に生まれた一人息子Bの親として、X氏とY氏がうまく協同できる関係を築けるとよいのだが……。養育費を払わなくなるケースや、調停で決まった内容での面会交流を実現させないケースも多々経験しているだけに、Q弁護士は、一抹の不安を感じつつ、Bくんの健やかな成長を願うばかりであった。

| Scene i | 離婚届を提出する

Scene i 離婚届を提出する

Prologue

　調停を成立させるという期日の直前に、X氏から、「調停で離婚が成立したら、そのまま何もしなくても離婚した、ってことになるのですか？」「名字は自然と元に戻るのですか？ 子どもの名字も私と同じ旧姓になるのでしょうか？」などと質問を受けた。親権や養育費の金額、財産分与の金額・方法でもめていた際には、このような離婚後の手続面についてはあまりX氏もQ弁護士自身も意識していなかったが、生まれて初めて離婚をする人がほとんどなので、疑問に思うのは当然だ。メールでの質問だったので、わからない部分は調べて回答できたが、期日などで口頭で聞かれたら焦っただろう……。基本的なことはしっかり頭に入れて、答えられるようにしておかなければ。

現場力

1. 離婚届出をする

(1) 届出の必要性

　調停において離婚の合意ができ、調停調書にその旨記載されれば、離婚の効力は発生します（家事事件手続法268条1項）。ただし、身分関係の変動を戸籍に記載する必要性があるため、戸籍法において、調停離婚成立後、10日以内に（審判・裁判離婚の場合は確定から10日以内に）、夫婦の本籍地または届出人の住所地の市区町村長に調停で離婚した旨の届け出を行う必要があるとされています（戸籍法77条1項、63条1項）。調停で届出をする者を相手方とする特段の合意をしない限り、基本的には、申立人が届出義務を負うこととなります。なお、申立人が調停成立後10日

99

【離婚調停】Act Ⅳ　調停成立後の場面にて

以内に届出をしないときは、相手方が届出をすることができるとされています（同 63 条 2 項）。

　離婚届の提出先は、届出人の本籍地または所在地の市役所、区役所または町村役場です。

(2) 届出の必要書類

　届出の必要書類としては、次のようなものがあります。

①離婚届

　各市町村役場に備え置かれています。

　なお、届出人の署名捺印の欄に関して、協議離婚の場合は双方の署名捺印が必要ですが、調停離婚・裁判離婚の場合は、実際に届出を行う者の署名捺印のみで足り、相手方の署名捺印は不要です。

　また、証人の欄も、調停・裁判離婚の場合には記載不要です。

②戸籍謄本（本籍地で届出を行う場合は不要です。）

③裁判離婚の場合は裁判判決の謄本および確定証明書、調停離婚や和解離婚の場合は調書の謄本

　届出は、調停の場合調停成立後 10 日以内に行うものとされているところ、調停調書の謄本を受領するのにかかる時間を勘案すると、あまり時間がありません。裁判所書記官が手続を促してくれる場合が多いのですが、調停成立後、謄本の申請を直ちにすることを忘れないようにすべきです。申請のためだけに裁判所に改めて行くという煩を避けるため、できれば当日に収入印紙（1 枚 150 円、枚数を書記官に確認）を購入し、申請しておくべきです。裁判所内に売店があればすぐに収入印紙を購入できるのですが、売店がなく、収入印紙を購入できる場所まで距離があるというところもあり、収入印紙を購入するために長距離を往復せざるを得なかったなどという苦労話も聞きます。そのような裁判所かどうかを事前に確認して、あらかじめ余裕をもって収入印紙を準備しておくのが賢明でしょう。

100

| Scene i | 離婚届を提出する

2. 氏を変更する

(1) 本人の氏

　婚姻により氏を改めた当事者は、原則として、婚姻前の氏に戻り、婚姻前戸籍に入籍することになります。調停成立日から3か月以内であれば、所定の書式により、届出人の本籍地・住所地または所在地（居所や一時滞在地）のうちのいずれかの市区町村役場に届け出ることにより、離婚の際に称していた氏を称することができます（民法767条、戸籍法77条の2）。

　離婚により氏を改めた当事者が離婚届を提出するときは、離婚届と同時に上記戸籍法77条の2の届出をすることもできますが、一旦この届出を提出してしまうと、原則として復氏できなくなるため、届出の前に離婚後の氏をどうするか、よく検討することを依頼者には伝えておくべきです。

(2) 子どもの氏

　離婚が成立し、親権者を一方当事者に定めた場合でも、それだけでは子どもの戸籍および氏は変更になりません。親権者となった当事者が、子どもを自身の戸籍に入籍させ、子の氏を変更するには、子どもの住所地を管轄する家庭裁判所に、「子の氏の変更」の申立てをして、許可を得て、その上で、子の本籍地または届出人の住所地の市町村役場に、入籍の届出をする必要があります（民法791条1項、戸籍法107条1項）。

ア．家庭裁判所に対する子の氏の変更許可申立て

　家庭裁判所に対し、子の氏の変更許可申立てを行う際に、申立人となるのは、子が15歳以上の場合は、子本人です。子が15歳未満の場合は、その法定代理人（親権者）が子を代理することとなります。

　申立てに必要な書類は、次のとおりです。

①申立書

　書式や記載例は、裁判所ホームページよりダウンロードが可能です（http://www.courts.go.jp/saiban/syosiki_kazisinpan/syosiki_01_07/index.html）。

②申立人(子)の戸籍謄本(全部事項証明書)(父母の離婚の記載のあるもの)

101

【離婚調停】Act Ⅳ　調停成立後の場面にて

③父母の戸籍謄本（全部事項証明書）（離婚の記載のあるもの）

④申立手数料（収入印紙800円×子どもの人数）

⑤郵便切手

イ．市町村役場に対する入籍届

　家庭裁判所で、子の氏の変更許可を得た後、市町村役場に対し、子の入籍届を行う必要があります。子が15歳未満の場合は親権者が届け出ることとなりますが、15歳以上の場合は、子本人の署名・押印のある届出書が必要となります。

　市町村役場に対する届出の際に必要な書類は、次のとおりです。

①子の氏の変更許可審判書謄本（家庭裁判所にて取得します。）

②入籍届（市町村役場にて取得します。）

③申立人（子）の戸籍謄本（全部事項証明書）（父母の離婚の記載のあるもの）

　（本籍地へ届け出る場合は不要）

④父母の戸籍謄本（全部事項証明書）（離婚の記載のあるもの）

　（本籍地へ届け出る場合は不要）

3. 年金分割の請求手続を行う

　調停により年金分割の割合を定めた場合、実際に年金分割制度を利用するためには、離婚成立日の翌日から起算して2年以内に、当事者双方から、年金事務所等（年金分割のための情報通知書の裏面「本通知に関するお問い合わせ先」欄に記載された機関）に対して、年金分割の請求手続を行う必要があります。調停成立により自動的に分割されるわけではないので、その旨依頼者に注意喚起すべきです。

　手続には、調停調書の謄本または抄本のほか、戸籍謄本等、各取扱機関により必要書類がありますので、事前に年金分割のための情報通知書の裏面「本通知に関するお問い合わせ先」欄に記載された機関に対し、必要書類を問い合わせておくとよいでしょう。

| Scene i | 離婚届を提出する

現場力の Essence

■ 調停離婚・裁判離婚でも離婚届の提出は必要

■ 離婚届の提出は調停成立から 10 日以内。調停成立日には、調停調書
謄本の申請をしておくべき

■ 子の氏の変更は、家庭裁判所に対する子の氏の変更許可申立てが必要

■ 年金分割は、離婚成立から 2 年以内に年金事務所等に請求を

【離婚調停】Act Ⅳ　調停成立後の場面にて

Scene ii 子の引渡しを求める

Prologue

　X氏は、一刻も早くY氏と離れたかったため、子どもを置いて出てきてしまっていたが、裁判所において無事親権者をX氏とする調停が成立し、晴れて子どもを引き取ることとなった。しかし、Y氏は何だかんだ言って子を引き渡してくれない。Q弁護士は、どうしたらいいかと悩んでいた。

現場力

1. 法的手続を検討する

(1) 履行勧告

　親権者の指定に関して審判・調停がなされたときは、当該審判・調停を行った家庭裁判所は、権利者の申し出があるときは、その義務履行状況を調査し、義務者に対して義務の履行を勧告できる（家事手続法289条）とされています。権利者から履行勧告の申し出がなされると、裁判官の命令を受けた調査官が権利者に連絡をして、履行状況、義務者の住所や勤務先に関する情報提供を受けるとともに、履行勧告を行います。義務者に対する勧告は、書面の送付、架電、家庭裁判所における面接、住居への訪問等を通じて行われます。

(2) 強制執行

ア．直接強制

　執行官が子どもを監護している親の元へ行き、直接、子どもを連れて帰るという方法です。

　ただし、この方法は、動産引渡執行に準じて行われ、すなわち、子ども

が物と同じように考えられるため、一般には意思能力がない場合、最大でも小学校低学年くらいまでに限り、行えるものとされています。

執行官は、手続を円滑に進めるため、申立人から執行場所の間取りや周辺の状況、生活時間等を聞き取ったり、家事事件における調査報告書の写しの提供を受けたりする準備行為を行い、また、当日の手順についても綿密な打合せを行います。家庭裁判所調査官とも事前打合せを行う例もあるそうです。

イ．間接強制

「何日以内に子どもを引き渡さないときには、1日あたり○万円を支払え」ということを命じることによって、間接的に子どもの引渡しを強制する方法です。

ウ．民事執行法改正

上記のとおり、現行法には子の引渡しの強制執行に関しては、明文がなく、動産に関する規定を類推適用していますが、令和元年5月17日に民事執行法の改正が公布され、1年以内に施行されることとなっています。

具体的には、間接強制では引渡しの見込みがあるとは認められない場合で、子の急迫の危険を防止するために必要がある場合などには、債権者の申立てにより、裁判所は、執行官に子の引渡しの実施を命ずる旨の決定を出すことができるようになりました（新民事執行法174条）。決定に基づき、執行官は、債権者または債権者代理人の立ち会いのもと、債務者が不在であっても、執行場所（住居や場合によっては保育園など）に赴き、債務者による子の監護を解いて債権者に引き渡すこととなります。

国際的な子の返還の強制執行に関しては、ハーグ条約実施法の改正が行われ、上記改正民事執行法と同様の規律が採用されました（ただし、間接強制前置が常に必要であり、また、子と債務者が共にいることが必要であるなどの点が異なります）。

【離婚調停】Act Ⅳ　調停成立後の場面にて

2. 相手方と交渉する

　強制執行は子どもの精神に与えるショックが大きいことが予想されますので、なるべく交渉により引渡しを受けることが望ましいところです。まずは、調停が成立しているのだからと相手方を根気強く説得することとなります。「親権者は子どもの監護教育権に基づいて子の引渡しを求めることができるので、強制執行もできるのですよ」ということを説明して説得することとなります。ただし、調停が成立しても子どもを引き渡さないような相手方の場合、簡単には説得に応じて引き渡してくれることはありません。相手方の親兄弟（子にとっての祖父母・叔父叔母）まで出てきて、弁護士を罵倒するというケースもあります。

　子どもがある程度意思表示ができる場合には、代理人による交渉に加え、子ども自身の強い意思表示が功を奏する場合もあります。子どもは、両方の親の顔色を見て意思表示をしてしまうので、なかなか引渡しを拒む親を目の前にして、親権者の元へ行きたいと意思表示をすることができず、「ほら、子どももここがいいと言っているだろう！」などと非親権者に反撃されることもあります。そこで、何とか相手方を説得し、短時間でも子どもと親権者が話をできる機会を設け、徐々に子ども自身が自分の希望を明確に主張できるように促してあげるのがよいでしょう。

　裁判所による履行勧告も、ある程度は実効性があるようですが、民事執行法の改正がありましたので、今後は、強制執行により引渡しを実現するケースが増えていくかもしれません。

現場力の Essence

■ 相手方が引渡しに応じるよう、根気強い交渉をすべき

■ 子どもの真意を引き出す努力を

■ 直接強制は最大でも小学校低学年くらいまで

■ 改正民事執行法には子の引渡しの強制執行が明文化された

| Scene ⅲ | 養育費の未払いに対応する

養育費の未払いに対応する

Prologue

　調停成立から半年が経った。そのようなとき、X氏から、Y氏が調停で定められた月5万円の養育費を支払わなくなったとの連絡があった。X氏がY氏に直接電話をして問いただすと、「最近会社で出向を命じられて、給料も減らされて、生活が苦しいんだ」「先月も先々月も面会交流をさせてくれなかったじゃないか。面会交流できないのに養育費を支払う義務なんかないだろう」などと言い訳をされ、その後は電話をしても出てくれず、話すらできない状況だとのことである。
　そこで、Q弁護士は、養育費の履行を確保するための対応を行うこととなった。

1. 法的手続を検討する

(1) 履行勧告・義務履行の命令

　養育費の支払いに関して審判・調停がなされたときは、当該審判・調停を行った家庭裁判所は、権利者の申し出があるときは、その義務履行状況を調査し、義務者に対して義務の履行を勧告できます（家事事件手続法289条）。

　また、相当と認めるときは、権利者の申立てにより、義務者に対し、相当の期限を定めてその義務の履行をすべきことを命ずる審判をすることができ、義務者が義務の履行命令に正当な理由がなく従わないときは、10万円以下の過料に処するとされています（同法290条）。

　自営業等で、給与差押えができず、売掛金も把握できない相手方の場合

や預金等の財産もない相手方の場合には、弁護士による交渉よりも高い心理的圧迫を与え、支払いを促す効果はあると思われますが、調停や審判で決められた内容を履行しない相手方ですので、実効性が十分であるとまではいえないと思います。

(2) 強制執行

調停・審判で決められた養育費の支払いがない場合には、相手方の財産（預金、給与等）に対する差押えをすることができます。

特に養育費の履行の確保のために、最も効果的な方法は、給与差押えです。民事執行法上、養育費に関しては、一部でも不履行があれば、すでに支払期限が到来した未払いの養育費とあわせて、支払期限の到来していない将来分の養育費についても、一括して申立てをすることが認められています。そのために、毎月の支払期限が到来するたびに、差押えの申立てをする必要はありませんし、相手方としては、すでに期限の到来している養育費未払分のみを支払っても、差押えから解放されないこととなります。

ただし、将来分の養育費については、その養育費の支払期限後に支払われる給料からしか、取り立てることができないので、たとえば、1月31日が支払期限の養育費に関しては、2月に支払われる給与から取り立てることはできますが、1月20日等支払期限前の給与支払日に支払われる給与からは取り立てることができません。

債権差押えの申立ては、相手方の住所地を管轄する地方裁判所に対し、債権差押命令申立書と必要書類（調停の場合は、調停調書正本、執行文、送達証明書、戸籍謄本、調停成立後住所移転がある場合は住民票または戸籍の附票、第三債務者が法人の場合は同法人の代表者事項証明書）を提出して行うこととなります。

なお、給与差押えをしようにも、転職をしてしまって、現在の勤務先がわからない、預金差押えをしようにも口座がわからないという場合には、現行民事執行法では差押えが困難でした。しかし、令和元年5月17日公布の改正民事執行法では、金融機関から預貯金債権や上場株式、国債等に関する情報を、登記所から土地、建物に関する情報を、市町村・日本年金

機構等から給与債権（勤務先）に関する情報を、裁判所を通じて取得することができる手続が新設されました（新民事執行法205条から207条）。登記所から債務者の不動産に関する情報を取得する手続は、公布の日から2年以内に、その他の情報取得手続は、公布の日から1年以内に施行されることとなっています。

2. 方針を決定する

　養育費の履行の確保のためには、弁護士としては、上記のとおり家庭裁判所を通じて履行勧告や義務履行命令を出してもらう方法、裁判所を通じて強制執行としての給与等の差押えをする方法を念頭に置きつつ、方針を検討することとなります。①代理人として相手方と交渉をして、任意の支払いを促す、②履行勧告や義務履行命令を得て支払いを促す、③いきなり強制執行をする、の3パターンが考えられます。

　上記①、②の方法は、結局は相手方が任意に支払う可能性がなければ、意味がありませんが、「弁護士」や「裁判所」に対して畏怖を感じるような相手方の場合には、弁護士や裁判所から書面が届くこと自体で効果があることもあります。依頼者に、相手方がどのようなタイプの人間かということを聞き取り、意味がありそうかどうかを検討する必要があります。相手方が会社員ではなく自営業者で、どこからどのような収入を得ているのかや、預金等の財産の所在を把握できていないという場合には、現行法では強制執行が困難なので、これらの方法を検討することとなります（ただし、預金等の財産に関しては、改正民事執行法による情報開示の手続の効果が期待されます）。

　上記③の方法は、特に会社員の場合、給与差押えの効果はかなり高いのですが、一方で、相手方の勤務先に債権差押命令が届くので、勤務先の規模等によっては、相手方が会社にいづらくなって辞めてしまうなどの事態を生じさせてしまうリスクが伴います。

　これらの、各方法のメリット・デメリットを依頼者に十分説明した上で、方針を決定していくこととなります。

【離婚調停】Act Ⅳ　調停成立後の場面にて

現場力の Essence

■ 交渉か、裁判所を通じて履行を求めるか、強制執行をするか、方針決定はそれぞれの手続のメリット・デメリットを踏まえて慎重に決定する

■ 給与差押えは、将来分まで一括して可能である

■ 改正民事執行法の定める第三者からの情報取得手続の利用も検討しよう

Scene iv 面会交流の拒絶に対応する

Prologue

　以前に調停手続の代理人を務めた事案の依頼者Ｚ氏から久々に連絡がきた。月１回の面会交流を認める調停が成立したのに、相手方がなかなか応じてくれないし、子どもに直接メールをしたら、「連絡をしてこないで」との返信があった。子どもはそのような返信をする性格ではなく、これは相手方が子どもを装って子どもの携帯電話から送ってきたものに違いない。何とかならないか、との相談である。子どもは女の子で、今年の４月で小学校４年生になったそうだ。どのような手続があるだろうか……。

現場力

1. 家庭裁判所の履行勧告にも限界がある

　面会交流は、直接強制をすることはできないとされているので、調停が成立、あるいは審判が確定したにもかかわらず面会交流が行われない場合は、家庭裁判所による履行勧告（家事事件手続法 289 条）を得るくらいしか法的手続がないのが一般的です。

　そうすると、頑なに面会交流を拒絶している人に対しては、履行勧告を求めることになります。しかし、その履行勧告すら無視することもありますから、履行勧告にも限界があります。弁護士としては、基本的には、面会交流の実現に向けて粘り強く交渉をすることになります。

2. 面会交流を拒む理由を分析する

　面会交流を拒む相手方の主張する理由としては、①養育費を支払ってくれていないから、②子どもが行きたくないと言うから、③面会交流後いつ

【離婚調停】Act Ⅳ　調停成立後の場面にて

も子どもが精神的に不安定になるから、④自身の教育方針や考えと異なる言動で子どもに悪影響を与えるから、などが多いように思います。

上記①の理由に関しては、法的には養育費は面会交流の対価として支払われるものではないので、当該理由による面会交流の拒否は認められません。しかし、実際には、自身の義務を履行せずに、相手方には義務の履行を求めるというのは道理に合わないという感覚は一般社会通念に照らし首肯できるものですので、相手方が面会交流を拒む理由が上記①であれば、養育費を支払い、誠意を見せるよう依頼者に対して説得し、併せて、相手方に対しては、養育費を支払ったら必ず面会交流を実現させる合意を取り付けるという方法で交渉を進めることになると思います。ただし、その後、依頼者が「養育費を支払っているんだから会わせろ」という思考に陥らないように、本来は養育費と面会交流が対応関係になく、双方が子の福祉のために行動すべきであることは、十分に説明すべきです。

上記③と④の理由に関しては、具体的にどのようなことが問題なのかを相手方から聴取し、問題と考えられる言動をしないよう、まずは弁護士が立ち会った上での面会交流を提案したり、第三者機関の利用を提案したりすることが考えられます。依頼者に問題となる言動があるわけではなく、単に別居親を恋しがって不安定になるということであれば、むしろ定期的に面会交流を実現して必ず会えるという安心感を子どもに与えるべきであるという説得をすることとなります。

最も難しいのが、上記②の理由です。子どもも、成長の過程において、親と遊ぶよりも友達と遊びたい、親の言動の一つひとつが癪に障る、などという時期があるのが一般的です。子どもが子ども自身の本心で面会交流に行きたくないと言っているのかどうか、可能であれば、同居親のいない場所で弁護士として直接話をさせてもらうなどして調査する必要がありますが、それが子ども自身の本心であるということが確認できた場合には、無理に面会交流を求めることはかえって子どもとの関係で悪影響をもたらす危険性があることを、依頼者に説明せざるを得ないでしょう。その場合でも、面会交流をしない代わりに、たとえばＬＩＮＥなどでの自由なやりとりを認めてもらう、行事への参加を認めてもらうなど、別の手段での親

| Scene iv | 面会交流の拒絶に対応する

子交流が可能となるよう、十分に交渉すべきです。

現場力の Essence

■ 面会交流を直接強制の手段により実現することはできない

■ 相手方が面会交流を拒絶する理由を十分に調査する

■ 面会交流拒絶の理由ごとに対策を練る

■ 子どもが真意から面会交流を拒む場合もあることを覚悟する

異論・反論付

⊕ Intermezzo
養育費支払いや面会交流の不履行事案でどのように履行を求めるか

白森弁護士

　調停等や公正証書による合意書で内容が確定していて強制執行が可能な場合、弁護士名義で、相当期間内に履行しなければ法的手続を採る旨の文書を送付し、拒絶すれば強制執行の手続を進める（面会交流の場合はそうもいかないが。）という方法も考えられる。しかし、私は、基本的には養育費の支払いや面会交流は、子どものために、任意に気持ちよく履行されていくべきだと思うので、できれば、弁護士や裁判所が介入しないで実現してほしいと思う。もちろん、履行可能性や強制執行をした場合の実効性の見込み、相手方の性格等により、ケース・バイ・ケースであるが、本人の名前で相手方に対して送るメールや手紙の文書を草案し、本人に送らせるという形で関与することもよくある。

赤林弁護士

　白森弁護士のおっしゃっているような方法は、私も検討する場合がある。依頼者は、相手方とは、もう一切直接連絡をしたくないので、弁護士名義で送ってほしいということもあるが、弁護士名義で書面を送ったりすると、かえって相手方が態度を硬化しそうな場合も多々あるので、相手方の性格や不履行の理由として依頼者が予想するところをよく聞き取り、当事者名義でのやりとりで相手方の履行が期待できそうな場合には、まずは当事者名義のやりとりを裏でアドバイスし

114

ながら進めてもらう。「子どものためですよ。下手（したて）に出ているふりをするだけですから！」などと説得しながら文書やメールを送信してもらうと、案外に法的手続に移行せずに履行が実現することもある。もちろん、実現しないこともあるし、はなから履行が期待できないことも多々あるので、あくまで、そういう方法もあり、それが理想型ではある、という話ではあるが……。

緑木弁護士

　弁護士に相談にきたという時点で、弁護士名義で文書を送ったり、交渉をしたりするという頭しかなかった。しかも、調停等で決まっていることならば、なおさら強めに要求すべきだという考えでいた。事案としての経験があまりないが、確かに、特に面会交流などは強めに要求したところで実現しないだろうから、色々な角度から相手方を説得するにはどうしたらよいかを検討しなければならない。実現のためには、法的手続よりも、相手方の性格の分析と、性格に応じた対策の検討が重要だと、つくづく感じる。

【離婚調停】Act Ⅳ　調停成立後の場面にて

Scene Ⅴ　調停不成立後の提訴を準備する

> **Prologue**
>
> 　W氏は、自身で離婚調停の申立てを行って手続を進めようとしたが、相手方が「離婚はしない」と言うのみで全く話し合いに応じようとせず、調停が不成立に終わってしまったとのことで、Q弁護士の元に相談に訪れた。付随申立てとして、親権、養育費、財産分与、慰謝料を請求していた。調停は自分で何とかしようと思っていたが、訴訟手続となると、自分ではできないと思うので、弁護士を頼みたい、とのことである。そこでQ弁護士は受任し、提訴の準備を進めることとなった。

現場力

1. 訴訟手続へ移行する

　離婚について、調停が不成立になったときは、調停が終了した旨を記載した調書が作成され、当事者に通知されます。調停が終了した場合には、当然には訴訟に移行しませんので、訴えの提起を改めてする必要があります。

　ただし、調停不成立等の通知を受けてから2週間以内に訴えを提起した場合には、調停申立てのときに訴えの提起があったものとみなされ、すでに納付した手数料に相当する額（調停申立手数料：1200円）は、すでに納付したものとみなされます（家事事件手続法272条3項、民事訴訟費用等に関する法律5条1項）。調停はすでに不成立になった段階から相談を受けた場合は、調停調書をいつ受け取ったかを依頼者に確認し、依頼者が望む場合には2週間以内に間に合うように訴えを提起する必要があります。

2. 記録を閲覧・謄写する

　調停手続から関与している場合は不要ですが、訴訟提起の段階から委任を受けた場合には、調停記録の閲覧・謄写をすることとなります。当事者間で手続を進めていて、相手方が全く話し合いに応じなかった、という場合、たいした記録が残っていない可能性は高いですが、念のために謄写しておいた方がよいでしょう。

3. 訴状を準備する

(1) 訴状の形式

　調停手続においては、定型の簡易な申立書が利用されており、当事者間の話し合いが中心となる手続ですので、弁護士が委任を受けた場合にも、これを利用して簡易な申立書を提出する場合も多いかと思います。

　他方、訴訟に関しても、裁判所のホームページから、訴状の書式をダウンロードできるようになっています (http://www.courts.go.jp/vcms_lf/2019_rikonsojou_743kb.pdf)。しかしながら、調停と異なり、訴訟は、まずは書面のやりとりが中心になりますので、何がどのように争点になっているのかを裁判所に早めに把握してもらうことが、手続の迅速な進行のために有用です。そのため、弁護士が受任した場合に、この書式を利用することは、あまりないのではないかと考えます。

　相手方に対する慰謝料の請求は、離婚の請求と併合して行う請求として、一つの訴えの中で行うことができ、親権者の指定、養育費等子の監護に関する処分、財産分与に関する処分、は、附帯処分として申し立てることとなります。

　そのため、訴状において、通常訴訟においては、「請求の趣旨」とされる項目は、「請求および申立ての趣旨」と記載することとなります。

(2) 訴え提起の手数料

ア．離婚および親権の指定のみを求める場合は、1万3000円となります。

イ．離婚と併せて養育費、財産分与、年金分割等の附帯処分を求める場合

は、それぞれの処分ごとに 1200 円を加算することとなります。なお、**養育費**は、子一人あたり 1200 円です。

　たとえば、離婚と、子 2 人の親権者指定、同 2 人の養育費、財産分与、年金分割を求める場合の手数料は、以下のような計算により、1 万 7800 円となります。

　【計算式】1 万 3000 円（離婚および親権者指定）＋ 2400 円（子 1 人の養育費 1200 円 ×2 人分）＋ 1200 円（財産分与）＋ 1200 円（年金分割）＝ 1 万 7800 円

ウ．上記ア、イと併せて慰謝料の請求をする場合は、慰謝料の請求額に基づき算出された手数料と離婚のみを求める場合の手数料 1 万 3000 円とを比較して高い方の金額に附帯処分にかかる手数料を加算した金額が、手数料となります。

　すなわち、160 万円以下の慰謝料を求める場合には、上記ア＋イの金額が、訴え提起の手数料となりますが、160 万円を超える慰謝料を求める場合には、当該慰謝料額を基準に算出した手数料に、上記イにかかる手数料を加算して算出することとなります。

　たとえば、離婚と、子 2 人の親権者指定、同 2 人の養育費、財産分与、年金分割に加え、慰謝料 300 万円を請求する場合の手数料は、以下のような計算により、2 万 4800 円となります。

　【計算式】2 万円（慰謝料請求）＋ 2400 円（子 1 人の養育費 1200 円 ×2 人分）＋ 1200 円（財産分与）＋ 1200 円（年金分割）＝ 2 万 4800 円

　前述のとおり、調停不成立後 2 週間以内に訴えを提起した場合には、調停申立手数料 1200 円を、上記手数料から控除することとなります。

(3) 訴状の記載内容

　通常訴訟と同様、請求および申立ての趣旨・原因を記載することとなります。

| Scene v | 調停不成立後の提訴を準備する

　離婚請求の場合、民法770条1項1から5号の離婚原因ごとに訴訟物になるとされているので、どの離婚原因に該当するとして離婚を請求するのかを明記する必要があります。多いのは、不貞行為と婚姻を継続し難い重大な事由ですが、不貞行為が立証できない場合に備え、不貞行為の場合には、不貞行為（あるいは不貞が疑われる行為）の結果、婚姻が継続しがたい状況となったとして、両方を離婚原因として主張する方がよいでしょう。

　親権者の指定に関しては、Act IIIのScene iで詳述したような、親権者の判断にあたっての考慮要素である、親権者としての適格性を裏付ける事実や子どもの意向などを記載します。相手方（訴訟における被告）の親権者としての不適格性等まで記載するかは、好みの問題、あるいは依頼者の意向の強さにもよるところですが、記載するとしても、単なる人格攻撃にならないように、親権者の適格性の考慮要素を意識しながら、記載すべきです（たとえば、早朝から深夜までの勤務が要求される仕事で、土日も出勤をしていて、義両親も遠方に居住しており、とうてい子どもを養育できる状況にない、など）。

　財産分与に関しては、「被告は原告に対し、離婚に基づく財産分与として相当額を支払え」という抽象的な財産分与の申立ても実務上認められてはいますが、すでに調停手続において財産分与の対象となる財産が明らかになっているような場合には、「被告は、原告に対し、金○○万円を支払え」「被告は、原告に対し、別紙物件目録記載の不動産について、財産分与を原因とする所有権移転登記手続をせよ」などと具体的に記載します。

　慰謝料請求をする場合、離婚を余儀なくされたというだけでは慰謝料が認められない場合が多いので、不貞行為やＤＶがあれば、当該事実について、請求等の原因として記載することになります。精神的損害をいくらと評価するかは、事案ごとに悩ましいところですが、たとえば、日常的に言葉の暴力（精神的ＤＶ）があったと主張して慰謝料を請求する場合などの立証が難しいケースにおいては、200万円から300万円程度を精神的損害として主張しておけば、結果として、これを超える慰謝料が認められたであろう可能性は低い一方、手数料として裁判所に納める印紙代も、離婚

119

のみを求める場合と 2000 円から 7000 円しか変わりませんので、認められなかった場合でも、印紙代で大きく損をするということにはならないでしょう。

　離婚請求に関しては、調停前置主義が採られていますので、訴状には、あらかじめ裁判官に争点を把握しておいてもらうため、調停の経過や、調停が不成立となった原因（相手方が調停期日に出席せずに不成立となった場合をのぞき、訴訟において予想される争点になります）を記載すべきです。

⑷ 添付書類

　訴状に添付すべき書類としては、戸籍謄本、調停調書、年金分割を求める場合には年金分割のための情報通知書があります。

[堀川裕美]

現場力の Essence

■ 調停が不成立に終わっても、当然に訴訟には移行しない

■ 調停不成立等の通知を受けてから 2 週間以内に訴えを提起したか否かで、印紙代が変わる

■ 請求および申立ての原因は、相手方の人格否定ではなく、裁判所の重視する判断要素を意識して事実を記載する

■ 戸籍謄本、調停調書、年金分割のための情報通知書の取得・添付を忘れずに

⊕ Intermezzo 異論・反論付
訴状をどこまで詳細に書くか

白森弁護士

離婚原因や、親権者を原告とすべき理由、慰謝料請求の理由、調停の経緯など、記載すべき理由が多々あり、訴状のボリュームは大きくなりがちだが、「簡にして要を得た」訴状が理想であることは、通常訴訟の場合でも人事訴訟の場合でも変わりない。離婚訴訟提起に至るまで、当事者間には長い歴史や不平不満の蓄積があり、ときに依頼者は、婚姻してから現在までの経緯の詳細や相手方のこれまでの悪事や悪性格をすべて盛り込んでほしいなどと強く要求してくるが、裁判所が重視する事実が何かということをよく依頼者に説明をして、なるべく簡潔な訴状を作成するように心がけている。

赤林弁護士

私も、簡潔な訴状が理想であることは認識しているが、つい依頼者に対するサービスの気持ちで、訴状が冗長になってしまうことが多くある。裁判官が長い訴状を好まないし、評価ではなく事実の摘示を求めていることは十分に理解しているので、依頼者には毅然とした態度で、訴状に記載すべき事項と記載する必要のない事項があることを説明したり、言いたいことは、陳述書にすべて盛り込みましょうなどと提案をしたりして、簡潔な訴状を提出できる弁護士になりたい。

121

緑木弁護士

　最近は、パソコンでWordなどのデータをメールに添付して訴状案の確認を依頼者に求めることが多いのだが、校閲機能がついているので、コメントや修正履歴をびっちり付けて訴状案に対する意見を提示してくる依頼者が多々いる。これに対応していると、どんどん訴状の分量が増えていってしまうことがある。メールだと、一つひとつ説明をするのも大変だし、依頼者も言いたいことを言いやすくなってしまうのだろう。打合せでの印象と、メールの文章の印象が全く違う依頼者も、相当数いる。依頼者も自分も忙しくてなかなか難しかったりするが、訴状の記載内容を簡潔に絞り込んでも信頼関係が壊れないように、メールのやりとりだけでなく、面談をきちんとマメに行うようにして、意思疎通をしっかりしておかなければならないと感じる。

遺産分割調停

Act

I

事件受任の場面にて

【遺産分割調停】Act Ⅰ　事件受任の場面にて

🎙 Monologue

　Q弁護士のところに相続の案件が来た。依頼者は昔からお世話になっている企業の営業課長のX氏。姉B氏と妹Y氏の3人きょうだいであり、妹は未婚で、母親はすでに亡くなっており、父親A氏と妹Y氏が同居していたが、今般父親が亡くなったという。なお、姉B氏は10年前に死亡しており、姉の元夫はおそらく健在で、その間に甥Z1氏と姪Z2氏の2人の子がいるが、姉が亡くなってからは疎遠になってしまい、どこに住んでいるかもわからないとのことである。他方、父親のことはすべて妹Y氏に任せていたので、遺産の状況は調べてみなければわからないし、妹Y氏は自分が全部もらえるものだというくらいのつもりでいる可能性も高い。X氏としては、妹は未婚だし、母親が亡くなった後もずっと父親の面倒を見てくれていたので、妹の相続する分が自分より多少多くなるくらいのことは考慮してもよいとは思っているが、さすがに妹に全部などということは考えていないという。父親が居住していた不動産に妹も同居していたが、今般改正された被相続人の同居者が引き続き居住権を主張できるという制度は、確か配偶者のみが対象で、子には適用がなかったと思うが、調べてみなければなるまい。

　そんな中、妹Y氏が亡父A氏の遺言であるとして、書き付けを持ってきたという。

　X氏が悩み、相談したいという事項は多岐にわたるが、いったいどこから手を付けるべきだろうか。

Scene i 相続人を確定させる

Prologue

　妹Y氏は遺言があるのだから遺言のとおりに分ければよいなどと簡単に言っているらしいが、書き付けが自筆証書遺言に該当する可能性があれば、検認の手続が必要となり、そのためには、検認期日の呼出しのために、相続人を確定させる必要がある。いずれにしても甥Z1と姪Z2の所在もわからないというので、まずはそこから確認しなければならない。Q弁護士は、相続人の確定から入ることとなった。

1. 戸籍類を取り寄せる

(1) 戸籍謄本等が取得できる場合

　相続案件を処理する場合、多くの場合、まずは相続人を確定させる必要があります。

　被相続人に法定相続人が存在しないことが明らかで、公正証書遺言が存在し、かつ、当該遺言上受贈者が明らかな遺言の執行をしようとする場合などは、例外的に相続人調査が不要であることもないわけではありません。しかし、たとえば、法定相続人が存在しない場合には、相続財産管理人選任申立の添付書類として、被相続人の出生から死亡までの戸籍を取得する必要があります。また、遺言がある場合であっても、それが自筆証書遺言であれば、検認申立ての添付書類としてやはり相続関係を明らかにする必要がありますし、公正証書遺言があっても、遺言執行者には法定相続人に対する報告義務がありますので、同じように相続関係を把握しておく必要が出てきます。

【遺産分割調停】Act I　事件受任の場面にて

　弁護士は、戸籍法10条の2第3項に基づき、受任している事件または事務に関する業務を遂行するために必要がある場合は、戸籍謄本等の交付の請求をすることができます。住民票についても住民基本台帳法に同様の規定があり、いずれも、相続関係の調査をするという目的で、戸籍類や住民票の取得が可能です。なお、その際には、日弁連が発行する職務上請求用紙を弁護士会で買い求め、これに必要事項を記入して所轄の市区町村役場に請求します。

　これ以外で、本人以外の者が戸籍、その附票、住民票を取得することができるのは、戸籍法10条1項、同10条の2第1項・第3項、住民基本台帳法12条の3第1項等に規定された場合に限られます。

　とかく経験の浅い弁護士の中には、職務上請求用紙を利用すればどのような場合でも戸籍や住民票を取れるものだなどと考えている人もいるようですが、戸籍や住民票を職務上の根拠なく取得すれば、懲戒の対象になりかねません。職務上請求用紙を調査会社に転売して懲戒処分を受けた弁護士もいますから、その取扱いにも十分注意すべきです。

　また、戸籍や住民票を取得した場合でも、業務上関係のない情報や取得すべきでない情報をそのまま依頼者に伝えたことが懲戒の対象になった事例もあります。依頼者本人に戸籍や住民票の情報を伝える際は、十分な注意が必要です。

(2) 被相続人の戸籍を揃える

　相続人の戸籍や住所の手掛かりとして、まずは、被相続人の情報を得ることになります。被相続人の情報を全く把握できていなくても、遺品などから被相続人の最後の住所が判明し、そこが住民票上登録されていれば、戸籍の記載のある住民票を取得し、現在の本籍地が判明します。現在の本籍地から現在の戸籍を取得し、そこから、一つずつ過去の戸籍を取得していき、出生までさかのぼります。現在生存している多くの人については、最低でも、現在の戸籍、電磁的記録化によって横書になる前の平成の改製原戸籍を、婚姻経験のある人であれば、婚姻により編製された新戸籍とその前の戸籍を、さらに昭和20年代より前に出生した人ですと、家制度が

廃止されるより前の昭和の改製原戸籍をたどることになります。転籍をしている場合には、これより多い数の戸籍を取得する必要があることもありますが、いずれにせよ、取得した戸籍が、その人の生存中のいつからいつまでの身分関係を示しているものか、戸籍の最初の記載をよく確認するようにします。

私の経験ですが、明治時代に毛筆で筆記された改正原戸籍謄本における本籍地があまりの達筆で読めなかったことがあります。その場合に、必要事項を記載した職務上請求用紙のほかに、その読めない毛筆の改正原戸籍謄本の1枚目のコピーを同封し、「読めませんでした。この本籍地の改正原戸籍謄本をお願いします」と記載したポストイットを貼り付けておいたことがあります。後日何の問題もなく目的とする改正原戸籍謄本が送付されてきました。

なお、戸籍類が災害や戦争等で消失してしまっている場合、自治体から、その証明書を取得することが可能です。消失時期にもよりますが、多くの場合はこれをもって戸籍に代わるものとして手続を進めることが可能です。

被相続人の戸籍を揃える場合、被相続人が転籍を繰り返していたり、何度も婚姻をしていたりして複雑であると、同じ被相続人について、同じ自治体で2つの異なる戸籍が存在することがあります。このような場合、何も指示をせずに請求すると、すでに請求して取得済みのものが再度届き、時間と費用が無駄になってしまいます。このようなことを防ぐためには、すでに取得済みのもののコピーを添付し、このコピーとは違うものを請求していることを明確にするなどの工夫をします。自治体によっては、被相続人の戸籍の収集をしていることを伝えると、親切に関係する戸籍を一度に送付してくれることもあります。戸籍の収集は、相続の案件を受任する上で最初に行うべき手続であり、かつ、相続は期限のある手続も多く、迅速性が求められますから、戸籍の請求の際には適宜メモを同封するなどの工夫をして、できるだけ必要な書類を素早く収集できるようにしましょう。

(3)法定相続人の戸籍を揃える

被相続人の出生から死亡までの戸籍を揃えるのと平行して、相続人の戸籍も取得します。出生から死亡まで被相続人の戸籍が揃っていますので、それぞれの戸籍に記載のある相続人になり得る人の戸籍をたどっていきます。

たとえば、ある時期からある時期までの戸籍中に、婚姻、実子の出生、養子縁組等の記載があった場合、配偶者や子が法定相続人になる可能性がありますので、その者につき、それらの者が当該戸籍から離脱（離婚、子の婚姻など）したところから現在まで戸籍をつなげていくことになります。現在まで戸籍をつなごうとしたところ、途中で死亡していた場合には、その者の子や孫が法定相続人（代襲相続人）になる可能性がありますので、その者について、被相続人と同様に出生から死亡までの戸籍を取得し、配偶者や子の有無を確認します。

他方、被相続人の出生から死亡までの戸籍を取得しても、子が判明しない場合には、両親あるいは兄弟姉妹が法定相続人になる可能性がありますので、これらの者につき、同様に一つずつ戸籍をたどって取得していきます。

2. 生存している法定相続人の住所情報を取得する

戸籍類の取得により、相続関係が判明したら、生存している法定相続人の住所情報を取得します。戸籍類を取得するまでもなく、法定相続人が判明し、住所も把握できている場合には、直接住所地の自治体に申請して、住民票を取得します。

本人の現在の住所がわからない場合については、過去の住所がわかれば、まず過去の住民票を取り寄せ、そこから一つずつ転居先を追いかけていきます。わかっている過去の住所が相当に古い場合には、まずは、本籍記載のある過去の住民票を取り寄せます。そして、本籍地に存在する戸籍には、その者の住所の変遷が記録された戸籍の附票がありますので、本籍地に戸籍の附票の交付請求をして、現在の住民票上の住所を調べます。

戸籍類を取得して初めて判明した法定相続人についても、戸籍の附票に

より、現在の住民票上の住所を把握することができます。

　その他、戸籍や住民票の取得方法、読み方などについての詳細は、髙中正彦ほか『弁護士の周辺学』（ぎょうせい・2015年）の第3章「戸籍の基礎知識」を参照してください。

3. 相続関係を確定させる

⑴ 相続関係図を作成する

　戸籍類を取得し、相続人が確定したら、相続関係図を作成します。

　ワープロソフトや表計算ソフトを用い、一人を一つの枠内に入れ、その中に、生存中の人については生年月日、亡くなった人については死亡日を記載し、男女の別を表示します。

　相続関係が単純であれば、いちいち相続関係図を作る必要はないかもしれませんが、遺産分割調停申立書などに添付し、親族の関係が一目でわかる資料とすると、裁判所にも歓迎されます。また、後述する法定相続情報証明制度にも利用することができますので、積極的に作成するようにしたいものです。

⑵ 法定相続情報証明制度を活用する

　法定相続情報証明制度とは、相続手続において、被相続人の相続関係を証明するための新しい制度で、平成29年5月から施行されました。

　これまで被相続人の相続関係を証明するためには、被相続人の戸籍類をすべて示すことが必要であり、相続人は相続手続のために、法務局や金融機関などにその都度戸籍類の束を持ち込まなければなりませんでした。法務局や金融機関でも、その都度原本確認の上、相手先がコピーをするのを待っていなければならず、時間もかかり、複数の機関で同時に手続を進めることは困難でした。

　法定相続情報証明制度は、登記所（法務局）に戸籍類等の束を提出し、併せて相続関係を一覧に表した図（法定相続情報一覧図）を出せば、登記官がその一覧図に認証文を付した写しを無料で交付するというものです。登記官の認証文のついた「法定相続情報一覧図」は、その1枚で相続関

【遺産分割調停】Act I　事件受任の場面にて

係を証明することができますし、大変便利です。何通でも発行してもらえますので、複数を発行してもらえば、いくつかの法務局や金融機関で同時に手続を進めることが可能となります。また、戸籍類には、相続情報だけでなく、本籍地や婚姻に関する情報など、相続に関係しない個人のプライバシーにわたる情報も多く記載されていますが、法定相続情報一覧図にはそのような記載はありませんので、法定相続人のプライバシーに配慮する意味でも、積極的に活用したいところです。

現場力の Essence

■ 被相続人については出生から死亡までの戸籍類を、法定相続人については現在の戸籍類を揃え、さらに住所情報を取得する

■ 戸籍類の取得に職務上請求用紙を利用する際は、法令上の根拠を十分に確認し、取得後に情報を依頼者に伝える場合にも、伝えるべき情報かどうか十分に留意する

■ 法定相続情報証明制度を十分に活用する

| Scene ⅱ | 相続人の範囲についての紛争を処理する

Scene ⅱ 相続人の範囲についての紛争を処理する

Prologue

　妹Y氏は、亡姉Bの子である甥Z1・姪Z2は、これまで父に対して失礼な言動を繰り返していたので、相続人としての適格性がないなどと言う。Q弁護士は、推定相続人の廃除という手続があることは知っていたが、実際にどのように手続を進めるのかは知らない。Y氏は、甥姪に対してそんなに憎くは思っていないともいう。どのような手続になるのだろうか。

 現場力

1. 法定相続人の範囲を把握する

　法定相続人の範囲は、民法で定められていますので、法定相続人の範囲自体が問題になる事例は少ないのですが、養子が絡む場合、代襲相続が発生する場合などでは若干複雑になってきますので、注意が必要です。

　また、戸籍上は親子関係があることになっているが実際には血縁関係が存在しない場合、あるいは、養子縁組の届出はされているが養子縁組の意思表示に瑕疵がある場合など、法定相続人であるか否かの判断の基礎となる親族関係に争いがある場合は、親子関係不存在確認の訴えや養子縁組無効確認の訴え等の家庭裁判所における人事訴訟を先行させる必要があります。

2. 相続欠格に該当しないか確認する

　相続欠格とは、相続に関する秩序を侵害する非行をした相続人について、当然に相続権が剥奪される制度です（民法891条）。

　相続欠格事由としては、故意に被相続人や他の相続人を死亡するに至ら

【遺産分割調停】Act I　事件受任の場面にて

せ、あるいは至らせようとしたり、被相続人が殺害されたことを隠したり、詐欺や脅迫を用いて、遺言を利用して被相続人の意思を歪曲させたりといった犯罪あるいはこれに類する行為が列挙されていますが、よく問題になるのは、被相続人の遺言書の偽造、変造、破棄、隠匿です。

推定相続人に相続欠格事由がある場合は、遺産分割手続の前提問題として処理すべきことになり、具体的には、相続欠格事由があると考える相続人を原告とする相続人の地位不存在確認の訴えによって審理されます。その訴訟は、共同相続人全員が関与する必要のある固有必要的共同訴訟とされています。

相続欠格事由に当たるかどうかの判例はかなりの数がありますが、特に遺言の偽造や隠匿等については、多数の判例がありますので、実際に相続欠格を主張しようとする場合には、これらを十分に調査するべきでしょう。『新版注釈民法〈26〉相続(1)』（有斐閣・1992年）が有益です。

なお、推定相続人の側からする相続放棄の場合と異なり、相続欠格者の子は代襲相続人になり得ますので、注意が必要です。

3. 推定相続人の廃除への対応をする

推定相続人の廃除は、遺留分を有する推定相続人に、被相続人への虐待、重大な侮辱、またはその他の著しい非行があった場合に、被相続人の意思（遺志）に基づいて、当該推定相続人の相続資格を剥奪する制度です。

この廃除には、生前に行う場合（生前廃除・民法892条）と遺言による場合（遺言廃除・同893条）とがあります。生前廃除は、被相続人が生存中に家庭裁判所に廃除の申立てをします。遺言廃除は、遺言の効力が生じた後、遺言執行者が家庭裁判所に対し、廃除の申立てを行います。

申立てを受けた家庭裁判所は、申立ての原因になった事実関係に関する検討に加え、被相続人の宥恕、推定相続人の改心等を考慮して、廃除が相当かどうかを判断します。実務上は、仮に被相続人が遺言で推定相続人の廃除の意思を示していたとしても、実際に廃除が認められる場面は必ずしも多くないといわれます。この「虐待」「重大な侮辱」「著しい非行」に関する判例もかなりの数ありますので、実際に推定相続人の廃除を検討した

り、その対応をする際は、これらを十分に検討するようにしましょう。ここでも、前出の『新版注釈民法〈26〉相続(1)』(有斐閣・1992年) の解説が有益です。

なお、相続欠格の場合と同じく、廃除された推定相続人の子は代襲相続人になり得ます。著しい非行を問うのはその人一代限りとされるわけです。

4. 相続放棄の有無を確認する

推定相続人の中で、相続人としての包括承継の効果を拒否しようとする者は、自己のために相続の開始があったことを知ったときから3か月以内に、家庭裁判所に対し、相続放棄の申述をします (民法915条)。家庭裁判所は、相続放棄をしようとする推定相続人から相続放棄の申述を受け付ける際にも、戸籍類一式を添付書類とすることを求めますので、戸籍等の必要書類の収集は速やかに行う必要があります。

なお、相続放棄をする推定相続人は、その相続に関して、最初から相続人でなかったものとみなされますので (民法939条)、相続放棄をした者の子は、代襲相続人にはなり得ないことに注意が必要です。

相続放棄をした者について、家庭裁判所は、「相続放棄申述受理通知書」を送付し、その通知書に基づいて「相続放棄申述受理証明書」を発行します。次順位の相続人は、相続放棄をした者からこの証明書を受領して、「自己のために相続の開始があったこと」を知ることになるのが通例です。相続放棄をした場合は、次順位の相続人に対して相続放棄申述受理証明書のコピーを送付するようにしたいものです。

5. 法定相続人不存在の場合はどうするか

法定相続人が存在するかどうか明らかでない場合には、財産が無主となることを回避するため相続財産自体を法人とみなすことになります。そして、相続財産法人の管理機関として相続財産管理人が選任されます。相続財産管理人は、利害関係人または検察官の申立てにより家庭裁判所が選任しますが、通常は、被相続人の債権者、相続財産分与の申立てをしようとする特別縁故者などが相続財産管理人の選任を申し立てることが多いだろ

うと思われます（民法952条1項）。

家庭裁判所が相続財産管理人を選任した場合、まずは家庭裁判所によりその旨の公告がされます。2か月以内に相続人のあることが明らかにならなかったときは、相続財産管理人は、相続債権者および受遺者に対し、2か月以上の期間を定めて請求の申出をすべき旨の公告をします（民法957条1項）。

以上の期間を経ても、なお相続人のあることが明らかでないときは、家庭裁判所は、相続財産管理人または検察官の請求により、6か月以上の期間を設定し、相続人があるならばその期間内に権利主張するべき旨を公告します（民法958条）。

公告期間を経た後、①被相続人と生計を同じくしていた者、②被相続人の療養看護に努めた者、③その他被相続人と特別の縁故があった者は、清算後残存すべき相続財産の分与を、公告期間満了後3か月以内に請求することができます。①の例は内縁関係にあった人、②の例は老人ホームの運営法人などですが、これも多数の判例がありますから、申立てをする前には調べておく必要があります。

相続財産管理人は、これらの期間中、相続財産の換価を進めていきます。

なお、被相続人の死亡時の対応などで、費用等を支出した場合には、特別縁故者の財産分与の申立てとは別に、相続財産管理人に対して、立て替えた費用の請求をします。

被相続人と同居していた不動産が遺産である場合には、相続財産管理人との間で当該不動産の買取り交渉をする必要が生じます。

特別縁故者に対する財産の分与は、清算後残存すべき相続財産すべてについて認められるケースもありますが、認められる範囲が遺産の1割に満たない場合もあるようです。特別縁故者の財産分与を求めようとする場合、家庭裁判所は、審判をするに際し、相続財産管理人の意見も重視する傾向があるようですので、相続財産管理人の遺産の管理状況も十分に把握しつつ、適時、適切な対応が求められます。

家庭裁判所の審判により、特別縁故者への財産分与も済み、なお相続財産が残存している場合、その相続財産は、国庫に帰属します（民法959条）。

この手続も、相続財産管理人が行います。

現場力の Essence

■ 法定相続人の範囲については、民法の条文をよく確認し、誤りのない
　ようにする

■ 法定相続人を相続手続から完全に排除する相続欠格や推定相続人の廃
　除は、簡単には認められないので、手続選択の際には注意する

■ 相続欠格や推定相続人の廃除と相続放棄では、代襲相続人の取扱いに
　違いがあるので十分注意する

【遺産分割調停】Act I 事件受任の場面にて

Scene iii 相続財産を確定させる

Prologue

依頼者X氏から見ると甥、姪に当たる姉Bの子達の連絡先もわかり、手紙を出したところ、「法定相続分をきちんと受け取りたいので遺産目録を送ってほしい」という。他方、妹Y氏は、「遺言のような書き付けがあるのだからそのとおりに分ければよく、長い間何の関係もなかったような甥や姪に分ける必要などない」と言っている。妹Y氏は独身であり、生前父親の面倒をよく見てくれていたが、ずっと父親の家に同居をし、家賃も支払わずに父親の収入で生活していた。X氏は、Y氏にいくら言っても父親名義の通帳を出してこないので、自ら銀行に行き、取引履歴を取ったところ、毎月使途のわからない引出しがあることを発見した。X氏は、Y氏のことを全く信用できないと怒っている。Q弁護士は、何から手を付けていこうかと悩んでいる。

現場力

1. 相続財産の全体像を把握する

相続人の範囲の確認と並行して、相続の手続を進めるためには、相続財産の範囲を確定する必要があります。最終的に相続財産をすべて換価する必要がある事例は稀だと思われますが、相続税の申告を要する場合、代償金を計算する場合などに備え、各相続財産の換価価値は、ある程度把握しておく必要があります。そこで、財産の種類ごとに、相続財産を把握する方法等をみていきます。

| Scene ⅲ | 相続財産を確定させる

2. 不動産を把握する

⑴ 不動産がどこにあるかを把握する

　不動産については、土地、建物を含め、その所在について、登記事項証明書で確認を取ります。土地の住所と地番が異なる場合にはブルーマップで確認するのが基本ですが、近年は法務局に問い合わせて土地の住所を伝えれば、地番や当該土地上の建物の家屋番号を教示してくれることも多くなっています。

　ある地域に不動産を所有していることはわかっているが、住所や地番がわからないという場合、当該自治体で「名寄帳」を取り付けます。名寄帳とは、ある者が当該自治体において所有している不動産が一覧化されているもので、取得することによって、遺産にかかる不動産の地番が一目してわかるため、とても便利です。被相続人が農家や山林所有者の場合など、同じ地域に多くの不動産を所有している可能性がある人についてはもちろんですが、単に居宅や別荘を所有している場合、近隣の私道等の土地も共有している場合など、名寄帳を取って初めて所有関係が判明することは意外と多くあります。

⑵ 不動産の価値を把握する

　登記を確認したら、それぞれの概算の価値を把握するために、土地については、路線価がある場合には路線価図で調査をし、ない場合には固定資産税評価額を把握します。建物については、固定資産税評価額をそれぞれ把握するようにします。固定資産税評価証明書については、市町村役場（東京23区内の場合は都税事務所）に対し、相続人であることを示せば取得することができますが、代理人が取得する場合、個別の委任状を要求される場合が多いようです。

　不動産は、相続税申告の際には以上のような公的な評価が前提になりますが、実際に遺産分割協議をしたり、遺留分の算定等をする場合には、原則としては、不動産の時価をベースにすることになります。

　しかし、当然のことですが、当該不動産を現物として取得したいと考える相続人は、不動産の評価を低くしたいと考え、当該不動産と同価値の別

139

の遺産を取得する相続人は、不動産の評価を高くしたいと考えますから、不動産の時価評価が論点となると、紛争が長期化し、後刻の当事者間の関係悪化の火種になることもしばしばです。最終的な不動産の評価は、第三者的な立場に立った鑑定を求めることになりますが、無駄なコストと争いの火種の元を生じさせないために、当事者間で不動産の評価につき、公的な評価を前提にする合意をするということも考えられるでしょう。

不動産の評価の概要は、髙中正彦ほか『弁護士の周辺学』（ぎょうせい・2015年）第5章「2　不動産評価」を参考にしてください。また、被相続人名義の不動産に無償で住んでいる者がいる場合の取扱いについては、本書の「Intermezzo　遺産の不動産に無償で居住している者をどう扱うか」（156頁）を参照してください。

3. 動産を適切に把握する

被相続人が所有する動産は、当然に遺産になり、遺産分割の対象になり得ます。しかし、自動車等の登録制度がある動産については、不動産と同様に物を特定し、その価値を把握すればよいので、比較的処理は容易ですが、そうでない動産を実際に遺産分割の対象とするには、困難な問題が生じます。

調停や審判において、動産を遺産分割の対象とするには、まず、その動産が間違いなく被相続人の所有であると証明するか、相続人間で合意する必要があります。特に同居の相続人がいる事例では、遺産ではなく、相続人固有の資産であると主張されることも多く、遺産の帰属が問題になりやすいといえます。また、仮に当該動産が遺産だと認められても、調停や審判で遺産分割の対象にするためには、動産を特定する必要があります。刀剣や書画骨董など、特定するにも名称等がないなど、困難が生じることが多々あります。

動産は、実際には他の遺産に比べて経済的価値が高くない場合も多いため、遺産分割の対象として処理するのではなく、調停外において相続人間で合意をして、形見分けのような形で処理する場合が多いように思われます。

4. 預貯金を把握し処理する

(1) 預貯金一般

　預貯金について、従前は、金銭債権は相続開始と同時に当然に相続分に応じて分割される可分債権として扱われ、遺産分割調停では、相続人間で遺産分割の対象とすることの合意があって初めて遺産として取り扱われることとされていましたが、代償金の支払いが必要な場合に預貯金による調整ができない等の批判も多かったことから、最大決平成28年12月19日民集70巻8号2121頁において判例変更がされ、預貯金債権も遺産に含まれることになりました。

　ただし、この最高裁判例の射程範囲は、現に残存している預貯金債権が遺産に含まれるという点のみに限られます。預貯金債権以外の被相続人の（不法行為や債務不履行に基づく）損害賠償請求権、不当利得返還請求権、賃料請求権等の金銭債権については、可分債権として扱われる旨の最高裁判例（最判昭和29年4月8日民集8巻4号819頁）が現在も維持されていると考えられています。

　被相続人の死亡時現在の残高を遺産として扱い、分割対象とすることが多いだろうと思われますが、厳密にいえば、遺産分割調停で対象になるのは現在の残高のみであり、相続開始後に共同相続人の一人が、他の共同相続人に無断で預貯金を払い戻した場合、他の共同相続人は、払戻しをした相続人に対し、不当利得返還請求権等を有するということになります。したがって、死亡時以降の払戻しについては、調停の当事者間で遺産分割の対象にすることを合意できなかった場合（民法906条の2参照（令和元年7月改正法施行後））、別途民事訴訟を提起せざるを得ないことになります。なお、相続税申告との関係では、死亡時現在の残高を遺産として申告することになり、また、死亡直前に預貯金が払い戻されている場合、死亡時時点までに費用として支出されている等の事情がない限り、引き出された預貯金が現金として残存していることを前提に申告することが多いようです。

　預貯金の引出しや生前の取引について特に争いがない場合には、一般に、被相続人の死亡時現在の残高についての残高証明書を取得して、遺産の範

【遺産分割調停】Act I 事件受任の場面にて

囲を確定させます。

　他方、これらに争いがある場合、取引履歴等を取得する必要が出てきます。預貯金の引出しや生前の取引について争いがあり、不当利得返還請求権の有無が問題になる場合については、後述します。

(2) 遺産の分割前における預貯金債権の行使

　以上が預貯金に関する判例の準則ですが、令和元年7月施行の改正により、遺産の分割前における預貯金債権の行使の制度が新設されました（民法909条の2）。

　各共同相続人は、遺産に属する預貯金債権のうち、相続開始時の預貯金債権額の3分の1に、各共同相続人自身の法定相続分を乗じた金額を、単独で権利行使し、引き出すことができることとされました。ただし、その上限額は、預貯金債権を有する金融機関ごとに150万円となっています（民法第909条の2に規定する法務省令で定める額を定める省令）。

　たとえば、A銀行に900万円、B銀行に1800万円、合計で3000万円の預貯金がある場合で、「Prologue」事例のとおり、共同相続人が本人（長男）、妹、姉の子である甥と姪の4名である場合に、長男が払戻しの請求をしようとする場合、

　　A銀行　900万円 ×1/3×1/3 = 100万円

　　B銀行　1800万円 ×1/3×1/3 = 200万円→ 150万円（前述省令）

以上合計で、250万円の払戻しを受けることができます。

　仮払いを受けた場合は、遺産分割の際、払戻しを受けた金額が、具体的な相続分から差し引かれることになります。

　また、これに加え改正法では、預貯金債権の遺産分割前の仮分割の仮処分について、従来の「事件の関係人の急迫の危険の防止の必要があること」という要件が緩和され、家庭裁判所は、遺産の分割の審判または調停の申立てがあった場合において、相続財産に属する債務の弁済、相続人の生活費の支弁その他の事情により遺産に属する預貯金債権を行使する必要があると認めるときは、他の共同相続人の利益を害しない限り、申立てにより、遺産に属する特定の預貯金債権の全部または一部を仮に取得させることが

できることとされました（家事事件手続法200条3項）。
　これらの手続によって払戻しされた預貯金以外の遺産については、(1)のとおり、遺産分割手続の中で処理されることになります。

異論・反論付

● Intermezzo

取引履歴をどこまで取るか

　預貯金の取引履歴は、相続人であれば誰でも取得できるとはいえ、依頼者の希望に応じて無定見に取れば、その手数料も多額になり、取得することが依頼者の真の利益になるとも限らない面がある。依頼者が希望する中、弁護士としてはどのように対応すべきだろうか。

白森弁護士

　依頼者が希望する以上、取引履歴を取れるだけすべて取るのは、弁護士として当然である。使途不明の出金があるのにそれを見過ごしては、弁護士として十分な仕事をしたとはいえないのではないか。手数料のことはもちろん伝え、了解を取るのが大前提ではあるが、希望があればすべて取るのを基本的なスタンスとしている。

赤林弁護士

　仮に出金の記録があったとしても、これが不当利得だとして請求が認められるには高いハードルがある。また、仮に被相続人の了解のない出金で、資産の管理をしていた相続人のために費消されていたとしても、その者に現時点で資力がなければ、結局請求権は画餅に帰すことになる。私は、まず初めに、資産の管理をしていた相続人に対して過去3年分くらいの通帳を出すよう求めるようにしている。もし拒否すれば、何か後ろ暗いことがあるのではないかと考えて慎重に対応するというように、段階を踏むようにしている。3年

144

分にしているのは、相続税の申告に際して、税務署が調査をする際に過去に遡るのが通常3年から5年程度と聞いていたからである。

緑木弁護士

　依頼者の希望どおりに取るのが当然だと思っていたが、確かに希望に従って取得し、本当は見たくなかった入出金記録まで見てしまったという声を耳にしたこともあった。相続は、親族間の機微にわたることが多いので、取引履歴の取得一つでも、慎重に判断すべきことであることがわかった。

5. 株式の有無とその価値を把握する

(1) 上場会社の株式

　上場会社の株式は、通常は上場されている金融商品取引所（市場）での株価が存在し、また、証券会社等が管理をしていますので、証券会社等に問い合わせ、被相続人が保有していた株式の種類、株式数、株価を確認することになります。

　上場会社の株式の相続税評価については、課税時期である被相続人の死亡日の、その株式が上場されている金融商品取引所が公表する最終価格（終値）によって評価します。ただし、当該日の最終価格が、①課税時期の月の毎日の最終価格の平均額、②課税時期の月の前月の毎日の最終価格の平均額、③課税時期の月の前々月の毎日の最終価格の平均額の３つの価額のうちの最も低い価額を超える場合には、その最も低い価額によって評価することになっています。

　なお、課税時期に最終価格がない場合など、一定の修正をすべき場合があります。

(2) 非上場会社の株式・出資持分

　被相続人や親族が経営する会社が存在する場合など、非上場会社の株式や有限会社における出資持分、その他の各種法人の出資持分等については、その株式等自体が遺産であり、遺産分割の対象になります。

　上場会社と異なって取引市場が存在しておらず、また、不動産のように公的な評価も存在しないため、その相続税評価については、困難な問題があります。

　不動産の場合と同様、被相続人の経営を引き継ぐべく、株式等を現物で取得したいと考える相続人は株式等の評価を低くしようとしますし、当該株式等と同価値の別の遺産を取得する相続人は、株式等の評価を高くしたいと考えますから、鋭い対立が生まれることも多くあります。

　取引市場のない株式に対する相続税の課税価格も、原則として、「課税時期における財産の時価」によって評価することになっています（相続税法22条)。そして、時価の評価方法を定める財産評価基本通達は、その「1

| Scene ⅲ | 相続財産を確定させる

（２）」において「財産の価額は、時価によるものとし、時価とは、課税時期（筆者注：相続税の場合は被相続人の死亡日）……において、それぞれの財産の現況に応じ、不特定多数の当事者間で自由な取引が行われる場合に通常成立すると認められる価額」をいうものとしています。その上で、財産評価基本通達は、「取引相場のない株式」について、いくつかの類型（同族株主の有無や会社の規模等）ごとに株価評価の方法を定めています。原則的な評価方法は、大会社は類似業種比準法、中会社は類似業種比準法と純資産法の併用法、小会社は純資産法で評価額が決せられることになっています。

国税庁ホームページには、取引相場のない株式の評価についての通達をまとめたサイトがありますので、参考にしてください。
(http://www.nta.go.jp/taxes/shiraberu/taxanswer/hyoka/4638.htm)

以下、簡単に、株式評価に関するいくつかの手法について説明します。相続税評価としては、会社の規模に応じて①および②が用いられますが、遺産分割の際に株式の現実的な時価を算定する必要が生じた場合には、さまざまな方法による評価額を総合的に考慮して算定することにもなり、どれを重視するかにより、また、相続人それぞれの立場の違いにより、さまざまな評価額が議論の俎上に乗ることになります。評価について争いが顕在化してしまった場合、最終的には、相続人どうし一定のところで折り合いをつける必要が出てきますので、できれば、最終的な着地点を見越してあまりコストをかけずに早期に株価を決めておきたいところです。

①純資産法

会社の貸借対照表の純資産額を基準に、資産から負債を差し引いた金額をもとに計算する手法です。後述する他の手法と異なり、仮定の条件が多くないため、計算が簡明かつ客観性があるといえますが、企業の将来の収益力等を十分に反映できないという欠点があります。

なお、純資産法にも、簿価をそのまま基準にする簿価純資産法、計算時の資産ごとの時価を改めて計算する時価純資産法（再調達する場合の金額を基準にする再調達純資産法と、会社を清算する場合の金額を基準にする

147

清算純資産法があります）など、いくつかの手法があります。

②類似業種比準法

当該会社と業種が類似する上場会社の平均株価をもとに、配当金額、年利益金額、純資産価格を業種目ごとの平均値と比較して、株価を算出する手法です。相続税法に関する財産評価基本通達において計算方法が規定されており、各時点の比準計算に用いる類似業種のデータは定期的に国税庁から公表されています（平成 30 年分の類似業種比準価額計算上の業種目及び業種目別株価等について（法令解釈通達）https://www.nta.go.jp/law/tsutatsu/kobetsu/hyoka/1806xx/index.htm）。

③類似会社比準法

当該会社と業種、規模、収益等が類似した株式市場で取引されている上場会社の株価を参考にして評価を行う方式です。類似会社の選定が困難であり、恣意性が入りやすいという問題点があります。

④ＤＣＦ法

企業の収益または利益に着目して評価する手法です。将来手元に残る資金(実際に得られた収入から支出を差し引いたキャッシュ)の流れ(フロー)を計算し、そのキャッシュフローの現在価値を求めます。事業計画等により会社のキャッシュフローを計算し、資本にかかるコストを割引率として割り引きます。さらに、非事業用資産の価値、借入金の価値等の他のさまざまな要素を考慮した上で評価を決定します。

⑤配当還元法

株主として受け取ることのできる見込みの配当に着目した評価方法です。過去の配当実績等から予測される将来の配当に基づいて評価をしますが、無配当の場合などはこの方法を用いることは困難です。

株式の評価についての詳細は、専門書のほか、髙中正彦ほか『弁護士の周辺学』（ぎょうせい・2015 年）第 5 章「3　株式評価」を参考にしてく

ださい。

6. 投資信託の有無とその価値を把握する

　投資信託については、かつての預貯金と同様に、相続開始と同時に当然に分割され、遺産分割の対象にはならないという説も有力に主張されていましたが、最判平成26年2月25日民集68巻2号173頁が当然分割されないとの判断を示して以降は、遺産分割の対象になるものとして処理されています。

　投資信託の相続税評価は、上場会社の株式と同様、課税時期である被相続人の死亡日の基準価格から、解約した場合の所得税額や解約手数料等、一定額を差し引いた金額で計算されます（上場されている場合には、上場株式と同様の計算をします）。

　中期国債ファンドやマネー・マネージメント・ファンド（MMF）等の日々決算型の証券投資信託の受益証券については、被相続人の死亡日の残高に、再投資されていない未収分配金を加え、所得税額や解約手数料等、一定額を差し引いた金額で計算されます。

7. 使途不明の預貯金引出しについて不当利得が成立するかを 検討する

　前述のとおり、預貯金については、被相続人の死亡時現在の残高を遺産として扱い、分割対象とすることが多いだろうと思われますが、被相続人と生活を共にしていた等、事実上、生前の被相続人の資産の管理を一部の相続人が行っていた場合に、定期的な預貯金の払い出し記録が残っている場合があります。

　資産の管理をしていた相続人が、生前の被相続人の了解なく、無断で預貯金を引き出していたような場合には、他の相続人は、資産の管理をしていた相続人に対して、不当利得返還請求権等を有することになり得ます。しかし、「4. 預貯金を把握し処理する」で前述したとおり、現に残存していない預貯金について不当利得返還請求権の行使をするためには、引き出した預貯金を現金として保管したり、費消した相続人が遺産として認め

【遺産分割調停】Act I　事件受任の場面にて

て遺産分割の対象とすることに同意しない限り（民法906条の2参照（令和元年7月改正法施行後））、遺産確認の訴えや不当利得返還請求の訴え等、別途民事訴訟を提起せざるを得ないことになります。また、そのような場合は、通常は資産の管理をしていた相続人が通帳も管理しているでしょうから、使途不明の引出しがどの程度あるかを確認するには、金融機関に申し出て、預貯金の取引履歴を取得する必要が生じます。

　資産の管理をしていた相続人側からは、「被相続人自身が引き出したもので、自分は関与していない」「何某の費用を支出するために必要だったもので、引出しは正当である」といった主張が予想されます。これらの主張を覆し、民事訴訟において、不当利得の返還を認めてもらうためには、それなりのハードルがあります。

　とかく、資産の管理をしていなかった側の相続人は、資産の管理をしていた相続人の対応に不満を持ったり、不分明なことをすべて相続人の所為にしたりして、不当利得と評価したくなる金額は膨大になりがちですが、そのような主張をすることが最終的な解決のために得策か否かについては慎重な判断を要します。

　情報源は預貯金の取引履歴ということになりますが、依頼者の希望と最終的な解決を見据えた判断のバランスを取って、その取得範囲についても検討すべきところです。金融機関によっては、電子化前の履歴や電子媒体で保管されている以前のもの（おおむね10年前後以上前のもの）を取ろうとすると、一気に手数料が多額になるようなこともあるようです。仮に取得するとしても、被相続人の生活状況も踏まえ、依頼者との間で、どこまで取得するか、十分に協議するようにしましょう。

⊕ Intermezzo

異論・反論付

依頼者の不当利得返還請求権にどこまで向き合うか

　取引履歴を取得して、出金の記録があると、資産の管理をしていなかった側の相続人はそれに着目し、使途が不明の出金はすべて不当利得として遺産分割の対象になるようにしてほしいとの希望を述べる。そのような場合、弁護士としては、どのように対応すべきか。

白森弁護士

　それが依頼者の希望である以上その希望に従うのは当然である。出金履歴を特定し、それぞれの出金についてその使途を確認し、その使途に不分明な部分があればそれを問い質し、場合によって遺産に含める前提で対応をしていくことになる。たとえ、1回の出金が少額であってもそれが繰り返されていれば多額になっていくし、最近はＡＴＭの利用限度額の制限などもあるので、金額が少額だからといって除外する理由にはならない。基本的には依頼者の希望に沿った対応が大原則である。

赤林弁護士

　依頼者の希望に沿った対応が大原則なのは当然である。しかし、依頼者にとって出金したこと自体は記録上明らかなのですぐに着目しがちだが、それが不当利得であると認めてもらうためには、先方が否定すれば別途民事訴訟を提起し、使途について当方でも一定の主張立証が必要となるといったハードルや時間的経済的リスクを十分に把握していないことも多い。また、

それらを丁寧に説明していく中で、資産を管理していなかった側の依頼者が、資産を管理していた相続人に対してどのような感情を抱いていて、何を知りたいのか、依頼者の本音が聞けることもある。実はお金の問題ではなかったということもある。私は、依頼者の希望は希望として聞きつつ、取引履歴上の出金を遺産分割の対象にすることの難しさを十分に説明し、理解を求めるようにしている。

緑木弁護士

　先日、妹が父の金を使い込んでいるので質してほしいといってきた依頼者がいた。その人は、「お金の問題ではなく、妹のやり口が汚いので許せない」と言っていた。赤林弁護士の言うように、お金を使い込んだことを証明すること、それを遺産分割の対象にすることの困難さを説明したが、「絶対に取引履歴を10年分取ってほしい」と求めてきた。仕方がないので取得したところ、確かに一定の出金があったが、5年ほど前に使途不明の多額の出金があったこと以外は大きな出金はなかった。依頼者からは、当然この5年ほど前の出金について不当利得返還請求権の行使を依頼されると思っていたが、依頼者は取引履歴を取得しただけで満足したらしく、それ以上追求しようとはしなかった。協議が調い、すべて解決した後でその理由を尋ねると、「妹は3年前に家を購入したところ、その時父親からは1円ももらっていないと言っていたのだが、絶対に嘘だと思っていた。今回取得して、その時期にめぼしい出金がないことがわかったので、それでいいと思った」と述べた。5年ほど前の出金は、依頼者の子の入学資

金として借りたものだったのだそうだ。
　結局、相続の事件で、依頼者の本音はなかなかわからないと感じている。

【遺産分割調停】Act I 事件受任の場面にて

8. 配偶者短期居住権と配偶者居住権の成否を検討する

(1) 配偶者保護のための新制度の導入

　高齢化や核家族化が進み、夫婦の一方が亡くなった後、残された配偶者も同じく高齢者という事例が増え、これまでどおりの法定相続分を前提にすると、残された配偶者の生活が立ち行かなくなるという事例が多くなってきています。そして、残された配偶者とそれ以外の相続人との利害が対立し、遺産分割について話し合いでの解決が難しいケースも増えてきています。

　そのような社会情勢の変化の中で、令和2年4月施行の改正によって、配偶者短期居住権、配偶者居住権等の新たな制度が設けられました。

(2) 配偶者短期居住権

　配偶者の短期居住権とは、被相続人の配偶者が被相続人の相続開始時(死亡時)に被相続人の建物を無償で使用(居住)していた場合に、遺産分割が成立するまでの間、引き続き無償で使用することができるという制度です(民法1037条以下)。

　これまでも、被相続人の生前の意思を推定するなどし、被相続人の死亡後も、配偶者は遺産分割が成立するまでの間、自宅を無償で使用できる使用借権が設定されていたとの事実認定をして、配偶者保護を図っていました。しかし、被相続人の遺言により遺産たる当該建物が第三者に遺贈されてしまっていた場合など、配偶者の使用に関する保護が難しい事例もありました。

　法改正により、被相続人の配偶者が相続開始時に被相続人所有の建物に無償で住んでいた場合には、①配偶者が居住建物の遺産分割に関与するときは、居住建物の帰属が確定する日までの間(ただし、相続開始後6か月より早く居住建物の帰属が確定した場合は、最低6か月間)、②居住建物が第三者に遺贈された場合や、配偶者が相続放棄した場合には、居住建物の所有者から配偶者短期居住権の消滅の申入れを受けた日から6か月間、配偶者は、被相続人の建物を使用することができることとされました。

| Scene ⅲ | 相続財産を確定させる

(3) **配偶者居住権**

　(2) の配偶者短期居住権とは別に、被相続人の配偶者は、被相続人の財産に属した建物に相続開始の時に居住していた場合において、①遺産の分割によって配偶者居住権を取得するものとされたとき、②配偶者居住権が遺贈の目的とされたときは、被相続人が当該建物を他の者と共有していた場合を除き、配偶者は配偶者居住権を取得することとされました（民法1028 条以下）。

　これまで、配偶者に引き続き建物に居住させようとした場合、他の相続人との紛争が顕在化すれば、居住建物と当該建物の存する土地を配偶者に相続させざるを得ないことになり、配偶者の法定相続分を超えたり、土地建物を取得させてしまうと配偶者の生活資金を確保するのが困難になったりしてしまい、遺産分割手続を円滑に進めることができない例が散見されていました。配偶者居住権の創設により、配偶者居住権を適切に評価することによって、配偶者の居住建物への居住を維持したまま他の遺産を配偶者に分割することも可能になるため、遺産の無用な売却を余儀なくされたり、配偶者の生活が立ち行かなくなったりといった問題が解消され、遺産分割手続の円滑化が期待されます。

　配偶者は、必要に応じ、配偶者居住権の登記をすることができ、この登記をすることにより、登記後の自宅の取得者（転得者）にも配偶者居住権を対抗することができます（民法 1031 条）。

　令和 2 年 4 月施行にかかる改正後の遺産分割手続では、これらの配偶者の保護に関する権利についても、十分に配意して手続を進めていく必要があります。

[関　理秀]

155

⊕ Intermezzo

異論・反論付

遺産の不動産に無償で居住している者をどう扱うか

　使途不明の出金と同じく問題になることが多いのが、被相続人、特に、両親名義の不動産に無償で同居していた相続人の扱いである。子の独立が遅れた、両親の介護の必要があったなど同居に至る経緯はさまざまであるが、とかく同居していなかった方の相続人からは不満が吐露され、何らかの対応を求められることも多い。どのような対応が妥当だろうか。

　なお、寄与分、特別受益の一般論については、後述する。

白森弁護士

　片や当方の依頼者は、独立して家計を維持し、当初は賃貸マンションの家賃を支払い、その後自らの資金で住宅を購入してローンを支払っている一方、他方の相続人が長期にわたり無償で実家に住んでいるとなれば、不満が出るのは当然である。実家暮らしが悪いわけではないが、利益を得ている相続人がいて、それを依頼者が指摘しているのであれば、その希望に従うべきである。周辺相場を前提に家賃を算定することになるが、被相続人あるいはその配偶者等、同居の形態に応じて、当該相続人が一人で生活するとすればどの程度の家賃が必要になるかを基準に算定することになると考える。何年分を不当利得と考えるかは難しいが、たとえば当該同居している相続人のみが同居することになった時期等を基準にするのは、一つの考え方であると思われる。あるいは、居住の利益を特別受益と捉える方法もあるだろう。

赤林弁護士

　同居には利益と同程度に負担が存在することが多い。利益は他人から見えやすいが、負担は他人から見えにくい。遺産全体の規模にもよるが、居住していたという利益が遺産全体の中で多額を占めるというのは、まず考え難いのではないか。そのような主張をすれば、同居していた側の相続人は、必ず被相続人やその配偶者等同居していた者への介護や看護についての寄与分を主張してくる。そうなれば、遺産分割協議は難航し、長期化することは必須である。ただでさえ紛争が長期化しやすい相続案件で、紛争の火種を増やすことが得策かは、依頼者に十分に説明をし、慎重に検討すべきであると考える。
　なお、地代、賃料相当額が特別受益になるという考え方に対しては、被相続人が、同居していた相続人を住まわせていなかったとすれば、他人に賃貸して賃料収入を得ていたはずだということが立証できない限り、特別受益の持戻しの対象にすべきと被相続人が考えていたとは言い得ず、特別受益にはならないという有力な見解がある。

緑木弁護士

　赤林弁護士の言うとおり、居住の利益について、不当利得の主張あるいは特別受益の主張をすれば、必ず同居していた側は、寄与分の主張をしてくることになると思う。そうなれば、論点が増え、紛争が長期化する一方、互いに痛み分けとなる可能性が高く実益は乏しいという説明を依頼者には必ずしている。これまでそう説明すれば、納得する依頼者ばかりだったが、今後は果たしてどうか……。

【遺産分割調停】Act I　事件受任の場面にて

現場力の Essence

■ 不動産の全体像を把握するには、名寄帳が有用である

■ 預貯金、上場株式、投資信託など、管理に金融機関が関わっている遺産は、それぞれの金融機関に問い合わせ、残高を確認する。相続開始前後の取引の有無についても留意する

■ 使途不明の預貯金の引出しがあってもそれが直ちに遺産として扱われるわけではないので、主張をする際には後々の立証可能性なども十分に検討する

■ 預貯金の仮払いや配偶者保護の新制度など、法改正で新たに創設された制度についても十分に理解する

Act

II

調停申立てに向けた
準備・調停期日の
場面にて

【遺産分割調停】Act Ⅱ　調停申立てに向けた準備・調停期日の場面にて

 Monologue

　依頼者 X 氏の父親の相続については、亡姉の子に当たる甥 Z1 氏と姪 Z2 氏も含め、共同相続人であることが確定した。父親と一緒に住んでいた妹 Y 氏は、生前の父親が Z1 氏と Z2 氏とほとんど交流がなかったことにこだわって相続放棄を迫るなどしていたが、Z1 と Z2 がこれを拒んだため、Y 氏もついには断念したようだ。

　相続人の範囲と遺産の全体像がある程度判明したものの、引き続いて父親が死亡した後に Y 氏が持ってきた「書き付け」の有効性が当事者の間で問題になっている。Y 氏は、「父親の生前の遺志である以上、そのとおりに分けるのが父親の気持ちを考えても当然だ」などと言っているようだが、Q 弁護士としては、遺言の形式的要件を満たしているようにも見受けられず、X 氏も、書き付けのとおりに遺産を分けることには消極的である。いずれにせよ遺言として有効なものとして扱うべきだとは思われないが、Y 氏は遺言として有効であるという姿勢を崩していない。

　Q 弁護士は、このまますぐに調停を申し立てても、Y 氏とそれ以外の相続人との厳しい対立は必至であり、解決にはまだまだ時間がかかりそうだと考えている。

| Scene i | 遺言の有効性を判断する

Scene i 遺言の有効性を判断する

Prologue

依頼者 X 氏の母はすでに死亡しており、今般亡くなった依頼者の父の法定相続人は、すでに死亡している姉の子 2 人（甥 Z1 氏と姪 Z2 氏）、X 氏、父と同居していた妹 Y 氏の 4 名であることが確認されている。Q 弁護士は、Z1 氏と Z2 氏の住所も判明したので手紙を出したところ、両名とも「法定相続分どおりに受け取りたい」という回答であった。他方、Y 氏は、父の遺言であるとして書き付けを持ってきたため、とりあえずは Y 氏には検認の申立てをしてもらった。検認期日に出頭した Z1 氏と Z2 氏は、「祖父の筆跡かどうか疑問があるし、祖父は遺言作成当時、すでに認知症だったのではないか」などと述べた。Q 弁護士は、自筆証書遺言の形式的要件をすべて満たしているかも微妙なように考えている。

現場力

1. 遺言の形式要件を理解する

いうまでもなく、遺言は故人の最終意思が表示された書面であり、遺言の効力が発生した時点ではすでに表意者は死亡しており、意思内容の確認をすることはできません。そのため、生前の表意者の意思表示が真意であることを制度的に保障するべく、遺言の成立要件については、厳格な形式要件が定められています。

遺言については、普通方式として自筆証書遺言、公正証書遺言、秘密証書遺言が、特別方式として、死亡危急者遺言、伝染病隔離者遺言、在船者遺言、船舶遭難者遺言がありますが、それぞれについて形式上の要件が厳格に定められています。

【遺産分割調停】Act Ⅱ　調停申立てに向けた準備・調停期日の場面にて

　自筆証書遺言については、遺言者が、遺言書の全文、日付および氏名を自分で書き、押印する必要があります。カーボン複写は有効ですが、タイプ打ち、コピー、点字は自書とは認められないとされています。なお、平成 31 年 1 月から施行された改正により、相続財産の目録部分については、自書によらずに、パソコン等で作成することが認められるようになりましたが、各ページそれぞれ（両面の場合は両面それぞれ）に自書で署名し、押印する必要があります。

　公正証書遺言については、公証人が証人 2 名以上を立ち会わせて、遺言者が遺言の趣旨を口授し、公証人が遺言者の口授を筆記し、公証人が遺言者および証人 2 名以上に読み聞かせまたは閲覧させ、遺言者、証人、公証人がそれぞれ署名押印することにより作成されます。

　秘密証書遺言については、遺言者が内容を秘密にした形で遺言書（自筆である必要はない）を作成してこれに署名押印し、これを封筒に入れて遺言書の印章と同じ印章で封印をし、公証人と証人 2 人以上の面前に封書に入れた遺言書を提出して、自己の遺言書であることと筆者の氏名、住所を申述し、公証人がその証書を提出した日付と遺言者の申述を封紙に記載した上で、遺言者と証人と筆者が署名押印することにより作成されます。自筆証書遺言と公正証書遺言の利点をミックスした制度です。

　自筆証書遺言と秘密証書遺言については、検認が必要です。しかし、公正証書遺言では、それが不要であり、この点が公正証書遺言の大きなメリットの一つとされています。

　その他、特別方式の遺言についても、厳格な形式要件が定められています。また、同一の遺言証書で、2 人以上の者が遺言することはできません。

　これらの各方式の遺言の形式要件、方式不備の問題については、多くの判例があります。遺言の形式要件が問題になりそうな場合には、『新版注釈民法〈26〉相続(1)』（有斐閣・1992 年）で判例を十分に調査するようにしたいものです。

2. 被相続人の遺言作成時の遺言能力の有無を検討する

　遺言の形式要件が備わっていたとしても、遺言を作成した時点で遺言者

| Scene i | 遺言の有効性を判断する

に遺言能力がなければ、遺言は無効とされます（民法963条）。

　15歳に達した者は遺言をすることができるとされ（同961条）、民法総則の制限行為能力に関する規定は適用されないこととされていますので（同962条）、15歳程度の能力があるかどうかが遺言能力の有無の一つの基準になるといえます。制限行為能力者とされる成年被後見人でも、一定の要件のもと、遺言を作成することができることとされています（同966条、973条）。

　他方で、遺言者が遺言作成時に意思無能力だった場合には、遺言は無効とされます。遺言者が遺言作成時に意思無能力だったかどうかを事後的に判断するのは非常に困難ですが、一般には、時間や場所など、今自分が置かれている現実をきちんと把握できる能力である見当識、記憶力、認知能力、知能等の要素によって判断されます。

　遺言者が認知症であったというだけでは、直ちに意思無能力であったと断定はできませんが、その当時の遺言者の能力を判断する上での一つの要素にはなり得ます。実際には、日常的に接していた者の当時の認識、通院時のカルテ、施設等に入所していた場合にはその日々の記録などをもとに、遺言者の遺言作成時やその前後の状況（一般に認知症患者の能力が急激に回復する可能性は低いとされているようです）などを総合的に検討し、意思能力の有無を検討することになります。

　公正証書遺言や秘密証書遺言の場合、公証人は通常、遺言者の遺言能力について公証人の立場で判断をし、遺言能力があることを前提に処理をしているものと考えられますから、一般論としては、遺言能力が問題になる場面は少ないといえます。しかし、過去の裁判例では、公正証書遺言であっても意思能力が問題となり遺言が無効とされた事例も散見されますから、公証人が関わっているからといって直ちに遺言能力に問題がないと判断するのは早計といわざるを得ません。

3. 遺言の有効性について弁護士としての判断を下す

　遺言があるという前提で弁護士として相談を受けた場合、検認等の必要な手続を経た上で、まずは遺言の有効性について検討する必要があります。

【遺産分割調停】Act Ⅱ　調停申立てに向けた準備・調停期日の場面にて

　遺言と思われる書面がある以上、それが有効なのか無効なのかによって
その後に選択すべき手続は大きく変わりますから、この判断は極めて重要
です。

　特に、遺言能力が問題になるほどに遺言者の遺言作成時の意思能力が減
退していた場合など、遺言の有効性の判断が極めて難しい場合もあり得ま
すが、そのような場合でも、弁護士としては、依頼者の認識を踏まえた上
で、先々の手続を見据え、あらゆる可能性を考慮しておく必要があります。
なお、判断を前提にした手続の選択については、次章以降でより詳しく述
べます。

現場力の Essence

■ 遺言の有効無効の判断は、依頼者や関係者の発言や主張に左右される
　ことなく、弁護士として客観的に判断する必要がある

■ 遺言の形式的要件については多数の判例の蓄積があるので、類似事例
　がないかを十分に確認する

■ 遺言能力については、被相続人の遺言作成時の判断能力の有無などを、
　場合によっては医師の判断なども考慮に入れつつ、検討する必要があ
　る

| Scene ⅱ | 手続を選択する

ⅱ 手続を選択する

Prologue

　妹Y氏が保管していた亡父の書き付けについて家庭裁判所での検認手続が終わった。自筆証書遺言としての形式要件は備わっていたようだが、その内容はY氏にとって極めて有利な内容で、亡くなる3年ほど前から身の回りのことを一人でできる状態ではなかった亡父が、およそ自分で考えて作成できたとは思えない複雑な内容である。甥Z1氏と姪Z2氏は、「遺言は全く無効であって法定相続分を確保できない限り納得できない」と言っている。一方依頼者X氏は、「ずっと独身の妹が亡父の面倒を見てきたので、妹が一定の範囲で遺産を多く取得するのはやむを得ないしそうあるべきだが、そうはいっても書き付けの内容どおりではあまりに妹に有利であり、書き付けを亡父が自らの意思で書いたとはとうてい考え難い」という。遺産の範囲を確認し、その評価額を概算すると、確かに書き付けの内容どおりでは、依頼者X氏の遺留分すら確保できていないように見受けられる。Q弁護士は、遺留分侵害額の請求手続も視野に入れ始めた。

1. 解決手法を整理してその利点と欠点を把握する

(1) はじめに

　相続案件に限らず、弁護士が法律相談を受けて、相手方との紛争解決を目指す場合、解決手法を整理することが極めて大切になります。解決手法は、大きく分けて、任意の交渉と裁判所を介した手続があり、後者については、調停、審判、訴訟等が考えられますが、そもそもどのような手続を採るべきかという判断の段階で、法律専門家としての真価・力量が問われることになります。

高中正彦ほか『弁護士の現場力―民事訴訟編』（ぎょうせい・2018年）の Act Ⅱ「方針決定の場面にて」では、任意交渉を継続する場合、裁判所を介した手続にすぐに踏み切る場合についての一般論を紹介しましたが、家事事件、特に相続案件では、親族間の感情や生活状況など、親族間の紛争特有の問題、対象となる多種多様な遺産の種類ごとの評価の問題、期限が設けられた相続税申告の問題など、一般的な民事事件に比べて考慮すべき要素が多いため、初動段階の方針決定の見極めが早期解決に向けて極めて重要になります。

⑵ どのような手法があり得るか

遺言に該当すると思われる書面がある場合でも、遺言の無効を前提に手続を進めたい相続人は、遺産分割の前提として遺言無効確認の訴えを提起する必要があります。しかし、その訴訟の決着がつくまでには相当の時間を要することになりますし、決着がつくまでは遺産分割手続に入れないことになりますから、相続税の申告や納税等の負担を考慮すれば、訴訟に踏み切るかどうかは慎重に判断すべきことになります。

遺言がない場合でも、必ずしもすぐに遺産分割調停をすればそれでよいというわけではありません。遺産分割手続を主導的に進めて、遺産のうちで重要と思われる財産（たとえば、同居中だった自宅など）を確実に取得したいと考える相続人については、できるだけ任意交渉で自分に有利な形で他の相続人の説得を試み、早期解決を実現する処方を採用すべきです。

どのような場合にどのような手続を選択すべきか、ここでは、被相続人との関係が深く遺産をある程度把握している相続人が依頼者である場合と、他の相続人と比べ被相続人との関係が薄く遺産をあまり把握できていない相続人が依頼者である場合とに分けて、考えてみたいと思います。

なお、以下で述べる手続の選択はあくまでも一般論であり、相続案件は、個別事案ごとのさまざまな事情により、慎重な判断のもとに手続を選択すべきことは肝に銘じておくべきでしょう。

| Scene ii | 手続を選択する

2. 依頼者が遺産内容を把握している場合はどうすべきか

⑴ はじめに

　被相続人との関係が深く、遺産をある程度把握している相続人が依頼者である場合、遺産を把握できている分、依頼者の希望が明確で、方針を立てやすい面がありますが、他方、確実に取得したい遺産をより有利に取得するために、考慮すべきことが多岐にわたることにもなります。以下、有効と思われる遺言がある場合と、そうでない場合に分けて検討します。

⑵ 有効と思われる遺言がある場合

①遺言どおりにしたい場合の対応

　有効と思われる遺言があり、遺言どおりにするということで依頼者の意向に沿う場合、遺言が有効であることを客観的にも確実にした上で、遺言内容どおりの権利関係を確実に実現することを目標に据えることになります。したがって、遺言執行者の選任申立てが必要な場合を除いて、裁判所を介した手続を依頼者側から採ることはないといってよいでしょう。

　公正証書遺言の場合は、弁護士が被相続人の遺言の作成時から関わっている場合も多いと思われますが、案件に関わった当初から遺産の全体像を把握し、他の相続人の遺留分にも配慮した方が、後々の紛争を予防し得ることになります。

　自筆証書遺言の場合は、弁護士が遺言の作成時点では案件に関わっていないことが多いと思われますが、検認手続を確実に行った上で、遺言の趣旨を十分に探求し、理解するようにします。

②遺言執行者の対応

　遺言で遺言執行者が定められている場合、当該遺言執行者が就任を承諾すれば、その者が遺言執行をすることになります（遺言執行者が親族と指定されている場合等、遺言執行者が代理人を選任する場合もあり得ます）。遺言で遺言執行者の指定がない場合には、家庭裁判所に対して遺言執行者選任の申立てをします。裁判所によっては遺言執行者の候補を尋ねられることがありますが、そのような候補を立てること自体が相続人間の紛争の

火種にもなりかねませんから、候補を立てるかどうかは慎重な判断が必要です。

遺言で遺言執行者が定められている場合には選択の余地はありませんが、遺言で遺言執行者が定められていない場合で裁判所に遺言者の候補を推薦するときには、遺言執行者を弁護士にするか、弁護士以外の隣接士業専門家にするか、それとも親族等の専門家でない者にするかも、考慮することが必要です。特に遺留分侵害の可能性がある遺言の場合、遺言執行者に弁護士が就任すれば、対抗しようとする相続人にも弁護士の代理人が就き、確実に遺留分侵害額を確保しようとする可能性が高まることになります。なお、遺言執行者は、遺言を誠実に執行することが業務であり、遺言者である被相続人の遺志を実現する立場でもあります。したがって、特定の相続人から当該相続に関係する事件の依頼を受けることは利益相反に当たり、適切ではありません。

なお、遺言執行者は、任務終了後、遺言で定められていればその金額、定められていない場合には家庭裁判所に報酬付与の審判の申立てをし、審判を受けて遺言執行者報酬を受領することになりますが、報酬付与の審判の申立てに際しては、具体的な遺言執行者としての業務内容を詳細に記載し、業務内容に見合う審判が出るよう、報告を怠らないようにすべきです。

③遺留分侵害の主張に対する遺言執行者の対応

遺言の内容からみて、他の相続人の遺留分の侵害が明白であるかその可能性がある場合、どのように対応すべきでしょうか。

一般論としては、遺留分侵害に対する対応は遺言執行者の任務には含まれませんので、粛々と遺言執行を進めるべきことになりますが、実際上は、最終段階で移転登記手続をやり直したり、払い出した預貯金を再度相続人間で分配し直したりと、二度手間になる可能性があるため、他の相続人から遺留分侵害額請求権（令和元年7月施行の法改正によって遺留分減殺請求権が改められ、物権的効力は否定されています）が行使された場合には、確実に換価すべき資産の換価業務を除き、遺言執行業務を暫時中断する場合が多いものと思われます。

④遺言の一部に依頼者の意向に沿わない部分がある場合の対応

　他の相続人の遺留分に配慮して、遺産の一部を遺留分侵害が生じない範囲で分配する内容の遺言が遺されている場合など、遺言のうちの一部に依頼者の意向に沿わない部分がある場合には、どのような対応が考えられるでしょうか。

　遺言で遺言と異なる遺産分割が禁止されていない限り、相続人全員が合意すれば、遺言と異なる遺産分割協議自体は有効と解されています。したがって、法定相続人全員が合意する余地があるのであれば、（仮にすでに就任していた場合には）遺言執行者の了解を得て、遺言執行を取りやめ、新たに遺産分割協議をしたり、遺産分割調停を申し立てることになります。

　ただ、これによって依頼者に有利な結論が必ず得られるかどうかは全く保証できません。基本的には依頼者に有利な遺言でありながら一部が意向に沿わないということであれば、むしろ依頼者にリスクを十分に説明し、遺言執行をそのまま遂行して、執行完了後に遺言執行者とは別の代理人を立てて交渉するスタンスで臨む方が、最終的には依頼者の利益になることが多いように思われます。相続人の代理人には、遺言執行者とは別の代理人を立てる必要があることは、前述のとおりです。

(3) 遺言として有効でない被相続人の言付けや生前の意向がある場合

①法的な帰結

　生前の被相続人との関係が深く、ある程度遺産を把握している相続人が依頼者である場合に、被相続人の生前の意思の内容であるとして、メモ書きや書簡を持参してくることがあります。そのような依頼者は、自分にとって有利な内容が記載されていますから、メモ書きや書簡が遺言に当たるのではないかという強い期待を持っています。弁護士は、当該の書面が遺言として法律上有効かを冷静に判断することになりますが、形式的要件を具備していないなど、遺言として有効でないと認められる場合は、遺言が存在しないという前提で通常の遺産分割手続を経ることになります。したがって、遺産分割協議を開始し、協議が調わなければ、遺産分割調停、審判と進むことになります。

なお、公正証書遺言である場合を除き、遺言書の保管者は、相続の開始を知った後、遅滞なく、家庭裁判所で検認の請求をする必要があります（民法1004条1項）。一見したところメモ書きや書き付けのような書面であっても、明らかに遺言としての効力がないと判断される場合以外は、遺言の有効性について判断がつかない場合やその内容を他の相続人にも知らせたい場合など、その書面について、検認の手続をしておく方が無難であることが多いと思います。後でその書面のことを知った他の相続人から遺言書を隠匿したので相続欠格であると主張されないためにも、検認はしておくべきことが多いと思います。

②どのように対応するか

それでは、実際に遺言として有効でないと思われる書面（ここでは「遺言的書簡」と呼びます）があった場合の対応は、どのようにすべきでしょうか。依頼者に遺言的書簡のとおりにしたいという希望がなければ問題はありませんが、依頼者がこれに依拠する形での遺産分割に固執している場合は、何もなかった場合に比べて、むしろより慎重な対応が必要な場合が多いといえるかもしれません。

生前の被相続人と関係が深く、遺産内容を把握している依頼者が、遺言的書簡に依拠した解決を求めている場合、そのような依頼者は、仮に遺言として有効でなかったとしても遺言的書簡のとおりに遺産分割するのが被相続人の意思に合致するはずだという意見を強く述べてくることが多いと思います。しかし、前述のとおり、法的な帰結としては、遺言が存在しないことを前提にした遺産分割手続をすることにならざるを得ないので、遺産分割調停を申し立てて、事件が調停に付されれば、調停委員は、遺言的書面の有効性を度外視して法定相続分を前提にした分割を基本として考えるでしょうし、相手方に弁護士が就けば、遺言的書簡は何の効力も持たないと主張し、法定相続分の確保を目標とすることは明らかです。このような場合、遺言的書簡は、あくまでも有効な遺言ではないこと、調停委員は、当事者全員が了解しない限り、遺言があることを前提にした解決を進めることはないこと、相手方に弁護士が就けば、遺言的書簡を前提にした自分

の依頼者に不利な解決でよしとする可能性はほとんどないことを、依頼者に十分に説明し説得する必要があります。その上で、依頼者とよく協議をして、初動としてどのような対応をするのかを慎重に検討します。

遺言的書簡は、法的には有効ではないとしても、被相続人の生前の意図が表れているものですから、調停委員や代理人弁護士の関与がない段階では、相続人の中には、その内容を受け入れる者がいる可能性もあります。そのような可能性がある場合には、すぐに遺産分割調停等の法的手続に移行しない方がよいという判断もあり得ます。そもそも当方の代理人として対外的に弁護士が受任した形で対応すれば、相手方にも代理人が就く可能性が高くなりますので、そうなると遺言的書簡に依拠した解決は難しくなってしまいます。解決が難しくなった場合には、対外的には依頼者本人あるいは信頼できる第三者に説明役を引き受けてもらうなどし、任意交渉の段階では、代理人弁護士としての対応をしないという方法も考えられます。

もちろん、依頼者本人や第三者の対応には限界があり、交渉の長期化のリスクもありますので、適切なタイミングで遺言的書簡に依拠した解決をあきらめ、調停手続に踏み切った方がよい場合もあるでしょうが、少なくともすぐに調停申立てをすればよい場合ばかりではないということは十分に念頭に置いておくべきだと思います。

⑷ 被相続人が何の書面も残さなかった場合

①法的な帰結

遺産分割の手掛かりになるような被相続人作成の書面が全くないという場合は、当然ですが通常の遺産分割手続を経ることになります。しかし、そのような場合でも、被相続人の事業を承継するための資産を確保したい、同居していた不動産を確保したいといった依頼者の希望を十分に聞き取った上で、希望に沿った解決をするための最良の手段を検討する必要があります。

②どのように対応するか

依頼者が、生前の被相続人と関係が深く、遺産の範囲をある程度把握している相続人である場合、一般論としては、他の相続人に比べ、遺産分割に関して、さまざまな希望があることが多いといえます。他方、遺産分割調停になれば、法的な帰結を重視せざるを得ない調停委員は、法定相続分を前提にした分割を基本として考え、相手方に弁護士が就けば、遺言的書簡の有無にかかわらず、法定相続分の確保を目標とすることになります。

そこで、依頼者に対しては、まずは調停、審判になった場合のそのような帰結を十分説明し、その上で依頼者の希望に優先順位を付け、何を最終的な目標とするのかについて、十分な協議をする必要があります。

たとえば、最終目標として、分割割合としては法定相続分どおりでよい、あるいは、ある特定の遺産さえ確保できれば残りは法定相続分どおりでよい、というように、他の相続人との間の妥協点がある程度見えている事案であれば、早々に遺産分割調停の申立てをし、調停の場での調停委員への説明・説得や、相手方との交渉に注力する方が早期解決につながる可能性が高まります。

他方、依頼者の希望が法定相続分を超えるような場合には、生前の被相続人と他の相続人との関係、他の相続人の性格や家族関係（本人だけでなく、家族が意見を述べてくる場合もあり得ることから、家族構成は非常に重要です）、生活状況等を踏まえ、任意交渉を続けていくことで、依頼者の希望が適う形での分割協議が成立する可能性がどの程度あるかを吟味することになります。相続税評価額を基準にした方が不公平感が和らぐような場合には、協力関係にある税理士に相続税評価、相続税額についての説明をまずしてもらうというのも一考です。

ただ、このような任意交渉は、依頼者の希望に拘泥し続けると、いつまでも任意交渉を終わらせることができないまま、解決がいたずらに長期化するリスクを伴います。相続税法上は、相続税の申告期限内に遺産分割協議が調うことが、不動産等の評価の点で評価減の特例を利用する要件になっています。3年以内であれば修正申告により還付を受けることが可能ではあるものの、遺産分割未了のままでの相続税申告は、一旦多額の納税

資金を確保しなければならなくなり、相続人にとっては大きな負担となります。
　任意交渉を進める上では、以上のような先々の期限も意識した上で対応することが肝要です。

⊕ Intermezzo

> 異論・反論付

遺言がないときに 被相続人の意向をどう反映させるか

　一般に、遺産分割手続においては、被相続人との生前の関係や相続人どうしの関係などに起因して、依頼者が強い意向を持っていることが多い。被相続人との関係が近い依頼者の場合、依頼者の意向は、被相続人の意向に近いものであることも多いであろう。しかし、有効な遺言がなく、遺言的書簡や依頼者の語る被相続人の意向などしか依拠するところがない場合には、何を目標に、どのような手続を選択していくべきだろうか。

白森弁護士

　法的に有効な遺言がないのであれば、遺言的書簡や依頼者が語る被相続人の生前の遺志などというものは、調停・審判という法的手続を進める上で全く意味がない。法的に有効な遺言を作ろうと思えば、被相続人が公証人役場に行って作れたはずであり、仮に何らかの遺産に関する意向を生前に持っていたとしても、それを有効な形で遺していなかったとすれば、その意向というのは、単にそれだけのものということになる。そのような状況で任意交渉に臨み、相手方に弁護士が就いて恥をかくのは安易な判断をした弁護士である。被相続人が残した書き置きは、残念だが、紙くずであることを依頼者に説明し、引導を渡すことが弁護士の役割である。駄々っ子に飴をあげてはいけない。

赤林弁護士

　白森弁護士の言うことはよくわかる。若い頃は、私も依頼者の利益を重視して、法的には難しくても、何とか依頼者の意向に沿うように任意交渉を進めようとしていたが、結局は相続税の申告期限に分割未了で申告し、結構な額の相続税を自分の資金から納税せざるを得なくなり、依頼者の利益に全くならないことも多かった。ただ他方で、いくら経験上難しいとわかっていても、まずは任意交渉で何とか解決できないかやってみてほしいと言われれば、依頼者の希望を無視するわけにはいかない。私としては、相続税の申告期限を時期的な目安として、手続上の余裕を見て、それよりも3か月前くらいまでで目処が立ちそうにないときは相当の譲歩をするといった形で事前に依頼者の了解を得た上で、任意交渉をまずは試みることにしている。

緑木弁護士

　法的に難しくても、工夫の余地はいくらでもある。相手方に弁護士が確実に就きそうだということであれば仕方がないかもしれない。しかし、どんな内容であったとしても当事者間に協議が調えば遺産分割協議は有効である以上、依頼者の希望に従った形で任意交渉をまとめられないか努力することこそ、弁護士としての仕事のやりがいである。弁護士は方針決定のための打合せと書面作成のみを担当し、直接の対応は本人や親族の説明に委ねるという方法もある。ありとあらゆる解決手段を提示できなければ、弁護士の役割を果たしたことにならないのではないだろうか。

3. 依頼者が遺産内容を把握していない場合はどうすべきか

⑴ はじめに

被相続人との関係があまり深くなく、遺産を十分に把握できていない相続人が依頼者である場合、まずは Act Ⅰ「事件受任の場面にて［Scene ⅲ］相続財産を確定させる」で述べた方法により、遺産を把握していくことになります。相続人の中に、被相続人と同居していたなどの事情により遺産をある程度把握している者がいる場合は、その本人あるいは代理人弁護士を通じて遺産の全容の開示を求めることも考えられますが、残高証明書の発行直前に預貯金の引出しがある場合など、開示内容の信用性の問題は残ります。対応した者が弁護士である場合など、信用できる場合もありますが、慎重を期すとすれば、開示された情報をもとに別途独自に遺産調査をするべきことになります。

有効と思われる遺言がある場合にその遺言のとおりでよいと考える場合と、そうでない場合、有効と思われる遺言がない場合、それぞれについて以下検討していきます。

⑵ 有効と思われる遺言があると主張されている場合

①遺言をベースにすることでよい場合

遺産の調査と併行して、有効と思われる遺言が発見された場合、遺言執行者には、相続人に対する報告義務がありますので、遺産の全容の開示とともに、早い段階で遺言の内容の開示がなされるものと思われます。自筆証書遺言の場合は、検認手続の場で遺言内容を確認することができます。

遺言を確認し、依頼者として遺言の内容をベースに進めるということでよければ、遺言執行者の執行を注視し、特に問題がなければそれを受け入れるということになります。不動産の移転登記等は、遺言執行者でなく、相続する相続人や受遺者の側でも対応することができますので、場合によってはそれらの手続を進めることになります。

また、遺言をベースにするということで基本的にはかまわないが、遺留分侵害の可能性があるような場合には、遺留分を侵害する形で多額の相続

| Scene ⅱ｜手続を選択する

を受ける者の姿勢によっては、調停等の手続を検討することになります。

②遺言をベースにすることに不満がある場合

　反対に、遺言をベースにすることに不満がある場合にどのような対応をすべきかは、個別事例ごとに慎重に判断することになります。

　一般論としては、まず遺言自体の有効性について判断することになりますが、遺言に形式的な不備がない場合には、遺言者の遺言能力の有無が問題になり、遺言無効を争うかどうかがポイントになります。

　依頼者の中には、遺言の有効性について、遺言者の遺言能力の問題としてではなく、「被相続人がこのような私に不利な遺言を遺すはずがない」という生前の事情を前提に、被相続人の真意の是非の問題として捉えている場合が少なくありません。そこで、まず弁護士としては、被相続人の生前の発言、生前の被相続人と各相続人との関係、相続人どうしの関係などの被相続人の真意とその是非の問題と、遺言能力の問題とは切り分けて考えるべきことを十分に説明し、理解を求めます。その上で、生前の遺言者の判断能力の減退の有無、医療機関への入院や施設入所の有無、医師の受診の有無などを確認した上で、介護記録、入通院時のカルテ、施設の入所記録などを入手して、遺言作成時の遺言者の状況を確認し、遺言無効を争うことが可能な事案かを見極めることになります。

　また、日常生活において、遺言上で有利な帰結を得ることになっている者とどのような関係であったかも、場合によっては確認する必要があります。

（ア）　自筆証書遺言の場合

　遺言が自筆証書遺言の場合、遺言作成時の遺言能力を客観的に担保するものはほとんどないことが通常です。前述した一般的な考慮要素に加えて、自筆証書遺言の場合には、遺言自体の筆跡を確認する必要も生じます。まずは依頼者が保管している遺言者直筆の書面と照合作業を行い、必要に応じて筆跡鑑定をすることになります。

177

【遺産分割調停】Act Ⅱ　調停申立てに向けた準備・調停期日の場面にて

（イ）公正証書遺言の場合

　公正証書遺言の場合には、公証人は遺言者の意思を確認して聞き取り、これを筆記するわけですが、これらの作業に先立って、遺言者の遺言能力を確認しているはずです。公証人は、その前職が裁判官または検察官であることが多く、専門的な法的知識を備えていますから、自筆証書遺言の場合に比べ、公正証書遺言の遺言無効を争うためには、遺言者の遺言無能力を主張するより強い根拠が必要であるといえます。

　ただ、たとえば、遺言者が認知症の場合には、病気の特徴として患者の能力に波があって調子のよい時には通常人と変わらないようなこともあること、高齢者はその場にいる者に迎合する性癖があることが多いことなどを踏まえると、公証人が遺言作成時に見極めることができることには限界があるとも考えられ、公正証書遺言であることの一事をもって遺言無効の可能性がなくなるわけではありません。現に公正証書遺言を無効とした裁判例も散見されます。

　そうはいっても、自筆証書遺言に比べ、公正証書遺言を無効にするためには、かなり強い根拠が必要という点に変わりはありませんので、担当医師の証言や意見書を取るなど相当綿密な準備をすることは必須となります。当然多額のコストと多くの時間がかかりますから、公正証書遺言の無効を争うためには、それらの負担についても依頼者に十分に説明し、理解を得ておく必要があります。

③遺言をベースにすることに不満があるが遺言無効を争う十分な根拠がない場合

　遺言をベースにすることに不満があっても、さまざまな調査をしても遺言無効の根拠が薄いとなれば、遺言無効確認の訴えの提起はあきらめざるを得ないことになります。そのような場合は、遺留分侵害の有無を確認し、遺留分減殺請求権（遺留分侵害額請求権）を行使することにならざるを得ません。

異論・反論付

Intermezzo
遺言の有効性についての依頼者の意見とどこまで向き合うか

　公正証書遺言が存在し、遺言能力を争うのは難しいとどんなに説明をしても「このような遺言を被相続人が作れるはずがない」の一点張りで、遺言の有効性を争いたいといって聞かない依頼者がいる。遺言者の認知能力の減退等については、一定の立証ができるとしても、生活状況等も含めた総合的な判断になる以上、医学的な結論だけで遺言無効の結論が出るとも限らない。弁護士としては、どこまで依頼者の希望に従うべきだろうか。

白森弁護士

　公正証書遺言であろうと、医学的に一定の根拠が見出せるのであれば、遺言無効を争う余地はある。争う余地がある以上、それが依頼者の希望であれば、遺言無効の訴えを提起すべきである。それによる争いの長期化、費用の高額化について十分に説明すべきは当然だが、それでもやるという依頼者を止める理由はない。

赤林弁護士

　通常の遺産分割手続と違い、遺言無効確認の訴えは、その遺言の作成に関係した者の行動を否定する手続になる。しなければならない場面は当然あるし、その場合には毅然と対応するのは当然だが、通常の手続に比べると、争いは先鋭化し、後に残るしこりも非常に大きなものになる。遺言無効を争って、当事者双方が疲弊し、最終的にお互いに傷付きあってどちらの利益にもならなかった事例を多く見ている私としては、遺言

無効の可能性があるという程度で軽々に訴えの提起を選択することには躊躇を覚える。特に公正証書遺言の場合には、公証人を敵に回す覚悟が必要でもあり、慎重な対応を心がけている。

緑木弁護士

　そもそも相続案件の経験が白森弁護士や赤林弁護士のように多いわけではないので、どこまで依頼者の意向に沿うべきかについての定見はない。ただ、以前先輩弁護士から聞いたところでは、遺言によって不利な帰結になる相続人がその帰結に不満がある場合、遺言が有効であることを前提にすると、被相続人と関係が深い相続人の預貯金の不正出金を立証したり、遺産の評価等を争って、遺産の範囲を広げた上で遺留分の主張をするくらいしか対抗策がなくなってしまうということを言っていた。どうしても遺言があることに納得がいかないと依頼者に言われれば、最終的な和解の場で少しでも有利な帰結を得られるように、何とか根拠を見出して遺言無効確認の訴えを提起しなければならない場面もあるのだという。なるほどとも思ったが、遺言ができてしまっている以上、そのような依頼者は、受け入れざるを得ないのではないかという気もする。

(3) 有効と思われる遺言がない場合

　被相続人との関係があまり深くなく、依頼者が遺産を十分に把握できていない事例において、有効と思われる遺言もない場合、前述のとおりまずは遺産を把握していくことになります。遺産をある程度把握している相続人がいる場合には、本人か代理人弁護士を通じて遺産の全容の開示を求めることも考えられますが、その信用性の判断には慎重であるべきです。相手方に代理人弁護士が就いて、信用性の担保があれば、その情報を元に対応を検討することで問題がない場合もあるでしょうが、相手方からの情報を鵜呑みにするのは危険です。

　遺産の範囲を正確に把握するためにも、このような場合には早めに遺産分割調停を申し立ててしまうのが得策であることが多いといえます。

　相続人どうしの関係が良好で、遺産の範囲についても問題が顕在化する可能性が低く、互いに遺産分割方法について譲歩の可能性が高いような事案であれば、遺産分割協議を先行させ、早期解決を目指すべき場面もないではありません。しかし、特に争いが顕在化しないような事案では、交渉が後回しになりがちとなり、いつのまにか時間が経ち、相続税の申告期限が迫ってしまったというようなこともあります。スケジュール管理のためにも、特に遺言もないため失うものはなく、相続人どうしが公平なスタートラインに立てるこのような事案では、早めに遺産分割調停申立てをするのがよいのではと思われます。

【遺産分割調停】Act II　調停申立てに向けた準備・調停期日の場面にて

現場力の Essence

■ 相続案件では、当事者どうしの任意交渉、信頼できる第三者の説明補助、代理人としての任意交渉、調停の申立てなどのさまざまな手段について、それぞれの利点と欠点を依頼者に十分に説明し、手続を慎重に選択する必要がある

■ 遺産内容を把握している依頼者の場合には、依頼者の希望が明確で、かつ獲得すべき目標が多岐にわたることがあるので、特に慎重に手続を選択すべきである

■ 遺産内容を把握していない依頼者の場合で、有効性に疑問のある遺言がある場合は、遺言無効確認の訴えを提起するかどうかがポイントになる。事件の長期化にもつながるので、依頼者の意向に配慮しつつも、訴え提起の適否の判断を慎重にする

■ 遺産内容を把握していない依頼者の場合で、遺言もない場合は、早めに調停を申し立て、遺産の範囲の把握に努める

遺産分割調停の申立てをして調停期日を進める

Prologue

　妹Y氏が保管していた亡父の書き付けは、遺言としての形式的要件が備わっていないものと思われたため、Q弁護士は、依頼者X氏からその旨をY氏に伝えてもらったところ、Y氏も、遺産分割調停を申し立てるということで理解を示してくれたとのことであった。ただ、Y氏の任意交渉の際における態度からすれば、遺産分割調停では、確実に寄与分の主張をしてくるだろうと思われた。寄与分については実に細かい点まで主張してくると聞いたことがあるので、うまく調停手続の中で解決することはできるだろうか不安である。

1. 調停申立書の準備をする

　遺産分割調停事件の調停申立書の書式は、裁判所のホームページに掲載がありますが（http://www.courts.go.jp/saiban/syosiki_kazityoutei/syosiki_01_34/index.html）、記載すべき内容が網羅されていれば、必ずしもこの書式を使う必要はありません。

　なお、相続開始日が令和元年7月1日施行の法改正の前か後かによって、使用すべき書式に違いがありますので、注意する必要があります。財産の種類ごとに、財産目録についても書式がありますので、記載が必要な事項を漏らさないようにしましょう。

2. 調停申立書に添付する書類を準備する

(1) 相続関係がわかる資料を添付する

遺産分割調停の申立てに際しては、まず、被相続人の相続関係を明らかにするために、被相続人の出生から死亡までの戸籍類、法定相続人の範囲が明らかになる戸籍類を添付して提出する必要があります。また、法定相続人の実在を明らかにするために、当事者である法定相続人全員の現在の戸籍と住民票等の住所情報がわかる書類を添付します。

なお、現在家庭裁判所では、これらに代えて、法定相続情報証明制度を利用した登記官の認証文のついた「法定相続情報一覧図」を提出する運用を検討しているようです。

これらの書類の取得については、前述の Act Ⅰ「事件受任の場面にて［Scene ⅰ］ 相続人を確定させる」を参照してください。

(2) 財産目録と遺産に関する証明書を添付する

相続関係を示す資料のほか、申立ての際には、資産＝積極財産と負債＝消極財産を明記した財産目録（遺産目録）を提出します。そして、その財産目録に記載した遺産に関する証明書類を用意します。不動産についての不動産登記事項証明書（不動産の登記）および固定資産評価証明書，預貯金についての預貯金通帳の写しまたは残高証明書、株式についての金融機関発行の証明書または株券自体の写し、借入金についての残高証明書または借用証書の写し等がこれに当たります。ただ、遺産内容を把握していない依頼者が申立てをする場合は、遺産に関する証明書の添付が難しいことが考えられます。特に、遺産の中に動産が含まれている場合は、遺産の特定すらも困難な場合があります。

そのような場合に、遺産に関する証明書が用意できないからといって、申立てを躊躇しているといたずらに時間を浪費し、いつまで経っても事件は解決せず、依頼者の不満は募っていくことになります。調停の申立て後に新たな遺産が判明したり、調停の場で初めて法定相続人が一堂に会し、貸金庫の開扉などの分割手続の前提として必要な対応が可能になるといった事例も多くあります。

遺産に関する証明書は、可能な範囲で収集し、仮に一部に遺産の存否が不明な点や調査未了・資料収集未了の点があったとしても、その旨を申立書に明記した上で、まずは調停を申し立てるという姿勢で臨んで全く差し支えないと思います。パーフェクトを目指す必要はないわけです。

3. 調停期日を進める

(1) 調停期日の進み方

遺産分割調停も、一般的な家事調停の手続と同様、調停委員2名と裁判官1名の3名の調停委員会によって審理され、原則として、申立人側と相手方側との双方から交互に意見を聞きながら進められます。ただし、当事者が多数の場合で当事者間に特に異議がない場合には、当事者の全部または一部が一堂に会する形で手続が進められる場合もあります。

調停期日や調停期日における待合室での注意事項等は、離婚調停の場合とほぼ同様です。待合室での依頼者との会話は、相手方当事者に聞かれたり、場合によってスパイがいたりすることなども考慮して、細心の注意を払うようにしましょう。詳しくは、【離婚調停】Act Ⅱ「離婚調停の場面にて ［Scene ⅲ］ 調停に出頭する」を参照してください。

(2) 依頼者本人を同行させるべきか

離婚調停ほどではないにせよ、調停委員が本人の意思確認を求める場合や代理人として調停の流れや雰囲気を依頼者に伝え、その後の方針を決めるために必要と判断される場合など、重要な局面では依頼者本人を同行しなければならないことがあります。そのような局面が予想される場合は、次回期日を決定する際には事前に依頼者本人の予定を聞いておき、依頼者本人の出頭の必要が出てきた場合でも適切に対応できるように準備をしておきたいものです。

(3) 前提問題の処理には相手方弁護士と協力をする

不動産を誰に帰属させるか、具体的に何を誰が取得するかなど、遺産の帰属についての話し合いの前提として、誰も必要としていない不動産の売

却、貸金庫の開扉、新たな遺産の有無の確認、第三者との権利関係の調整など、遺産分割調停には、その前提になる問題の処理が必要な場合が多くあります。前提問題を早期に処理するべきという点では互いに利害関係が一致するはずですので、相手方弁護士が信頼できると考えられる場合は積極的にその相手方弁護士と意思疎通を図り、前提問題の処理を進めていくようにするべきです。私は、当事者が極めて多い事件について、調停期日外で、代理人弁護士だけを集めて前提問題の処理担当者を決め、調停期日と並行して、前提問題の処理の進捗を確認し合う打合せを定期的に入れながら手続を進めた経験があります。

4. 特別受益の主張を処理する

(1) どのような場合に特別受益の主張がなされるか

　調停期日が進んでいくと、共同相続人の中で、被相続人から生前に贈与を受けた者がいるという主張が出てくることがあります。遺贈であれば遺言が存在していることが多いと思われるため、遺贈自体の有無が争いになることは少ないと思われますし、遺贈は当然に特別受益として考慮されることになりますが、生前贈与の場合は、贈与の事実自体の有無がそもそも争いになることも多く、手続の長期化は免れないといえます。

　民法上は、相続人間の不公平を是正するために、生前贈与の事実があって、その贈与が婚姻、養子縁組のためもしくは生計の資本としてなされたものであると認められれば、持戻し免除の意思表示があると評価すべき場合を除いては、特別受益を相続分の前渡しと見て、計算上贈与された財産を相続財産に加算して、相続分を算定することとされています（民法903条）。

(2) どんな場合に特別受益が認められるか

　「隣の芝生は青い」ということわざがありますが、共同相続人の中で、ある別の共同相続人が生前によい思いをしすぎていたと妬む者がいる場合などは、特別受益の主張は、比較的頻繁になされます。

　しかし、そうはいっても、実際に特別受益として認められるためには、

当事者全員が、その特別受益を持ち戻すという合意がある場合は格別、そうでない限りは、特別の受益に関する事実関係の主張・立証が必要であり、簡単に認められるものではありません。

第一に、生前贈与が特別受益として認められるためには、生前贈与の事実が存在し、かつ、それが、婚姻・養子縁組のため、もしくは生計の資本としての贈与であると評価できるものである必要があります。第二に、仮にそのような贈与であるとしても、被相続人の持戻し免除の意思表示があったり、その推定が働いたりする場合には、特別受益の主張は認められません。

そもそも単に預金の引出しがあるだけでは、被相続人自身の引出しなのか、生活を共にしていた共同相続人による引出しなのか判然としませんから、生前贈与の事実の証明としてはおよそ不十分ですし、それが共同相続人のために使われていたと証明できても、共同相続人のほとんどに同程度の支払いがなされている学資や共同相続人の遊興費に充てられているとすれば、特別受益の対象にはなりません。共同相続人全員に同程度の贈与がある場合や同居している場合の地代や家賃等の不請求には、持戻し免除の意思表示が推定できるという裁判例もあります。

また、生命保険金については、保険金受取人である相続人とその他の共同相続人との間に生ずる不公平が民法903条の趣旨に照らしとうてい是認することができないほどに著しいものであると評価すべき特段の事情が存する場合に限り、同条の類推適用により、特別受益に準じて持戻しの対象となるとの判例があります（最決平成16年10月29日民集58巻7号1979頁）。

その他、特別受益については多くの判例の蓄積がありますので、類似の事例を十分に調査すべきですが、いずれにせよ特別受益の主張は、簡単に認められるわけではないということは、主張をしようとする依頼者には十分に説明しておくことが大切であると考えます。

【遺産分割調停】Act Ⅱ　調停申立てに向けた準備・調停期日の場面にて

5. 寄与分の主張を処理する

(1) どのような場合に寄与分の主張がなされるか

　特別受益の主張と並んで、遺産分割調停の中で主張が出され、争いが先鋭的になり、手続が長期化する場合が多いのが、寄与分の主張といえます。

　民法上は、相続人間の不公平を是正するために、被相続人の財産の維持または増加に通常期待される程度を超える特別の寄与・貢献をした者があるとき、相続財産からその者の寄与分を控除したものを相続財産とみなして相続分を算定し、その算定された相続分に、寄与者の寄与分を加算して寄与者の相続分を算定し、相続財産から相当額の財産を取得させることとされています（民法904条の2）。

(2) どのような場合に寄与分が認められるか

　寄与分も、特別受益の制度と同様、法定相続分によって解決し難い不公平を実質的に是正しようという制度ですので、裁判所は、その適用には慎重な姿勢を崩しません。調停手続の中で具体的に寄与分として認められるには、単に被相続人の面倒を見ていたとか、介護をしていたといった程度では足りず、そういう行為が通常期待される程度を超えていたかどうか、それらの行為によって、具体的に被相続人の財産が目に見えて維持されたといえるか、あるいは目に見えて増加したといえるかが、厳しく評価されることになります。夫婦間、親族間の扶養、互助の範囲（民法752条、同877条1項参照）を超えると言えなければ、実際に寄与分と認められることにはなりません。

　一般に寄与分として主張される類型として、家事従事の類型、療養看護の類型、扶養の類型、財産管理の類型、金銭出資の類型などがありますが、具体的に金銭を出資している金銭出資の類型以外は、非常に厳しい条件を満たす必要があると考えるべきです。

　とかく遺産を把握している依頼者の場合には、同時に被相続人を長年にわたって看護してきたという認識が強く、寄与分の主張にこだわる傾向があります。しかし、裁判所は簡単に寄与分を認めることはありません。依頼を受け、方針を決定するにあたっては、このことを十分に理解し、かつ

依頼者に説明し、判例や文献などで類似の事例を十分に調査した上で、対応を慎重に検討すべきです。

6. 特別の寄与の主張を処理する

(1) 新たに創設された特別の寄与の制度とはどのようなものか

令和元年7月施行の法改正により、子の配偶者や子が別にいる場合の兄弟姉妹など、相続人ではない親族が被相続人の介護や療養看護をした場合に、相続人に対して、特別寄与料を請求することができる「特別の寄与」の制度が新設されました（民法1050条）。被相続人に対して無償で療養看護その他の労務の提供をしたことにより被相続人の財産の維持または増加について特別の寄与をした被相続人の親族は、相続の開始後、相続人に対し、特別寄与者の寄与に応じた額の金銭の支払い（特別寄与料）を請求することができるとされています。

特別寄与料の請求が認められるのは、相続人以外の被相続人の親族に限られますので、相続人を除く6親等内の血族と3親等内の姻族ということになります（民法725条）。

(2) 特別の寄与の主張についてどのように手続が進むか

法文にあるとおり、特別寄与者は特別寄与料の請求ができるだけですので、遺産分割協議や遺産分割調停は、あくまでも共同相続人において行うことになりますが、他方、特別寄与者は、特別寄与料の支払いについて、相続人との間で協議をすることになっており、協議が調わない場合には、相続開始および相続人を知ったときから6か月以内で、かつ相続開始のときから1年以内の期間に、協議に代わる処分を請求することができるものとされています（当該処分をする審判手続は、遺産分割調停、遺産分割審判が係属している裁判所の管轄とされています（家事事件手続法191条2項、同245条3項））。

「特別の寄与」の制度の新設により、相続人以外の被相続人に尽くした親族に対する手当がなされましたが、特別寄与料が認められる民法上の要件は、従来の寄与分の要件と変わるところはないように思われます。ただ、

【遺産分割調停】Act Ⅱ　調停申立てに向けた準備・調停期日の場面にて

従来の寄与分に関する判例とこれに基づく運用は、特別の寄与が認められる親族より被相続人との関係が深い寄与分の場合に関するものです。したがって、必ずしも特別の寄与が認められるための要件の判断と同一の判断基準になるとは限らないと考えられます。

　今後、特別の寄与について、裁判所からどのような判断が示されることになるのか、その動向が注目されます。

[関　理秀]

現場力の Essence

■ 調停申立てに際して、準備ができていない遺産に関する証明書類があっても、申立てを急ぐべき場合がある

■ 調停期日の際の注意点は離婚調停と同様である。待合室での安易な事件に関する会話は控える

■ 特別受益、寄与分は、依頼者の意向に影響されすぎないように注意し、認められる事例かどうか、類似事例の十分な調査と、慎重な判断が求められる

■ 相続人以外の親族に関する特別の寄与の制度が設けられたが、これまでの寄与分の判断と比べどのような運用になるのか注目される

Act

III

調停成立を見据えた
場面にて

【遺産分割調停】Act Ⅲ　調停成立を見据えた場面にて

◢◣ Monologue

　被相続人 A 氏の遺産分割調停は、10 回の調停期日を重ね、ようやく分割案について基本的な合意に至った。相続人は、長男 X 氏、次男 Y 氏、長女 Z 氏の 3 名であり、遺産の範囲は、A 氏所有の自宅土地建物、総額 3000 万円の預金、過去に勤務していた W 社の株式 1000 株ということで争いはなかった。しかし、Y 氏と Z 氏からは、X 氏に対して、多額の生活費支援や被相続人の所有不動産に無償で居住したとする特別受益の主張がなされ、X 氏は、生活費支援は事実無根であり、被相続人と同居したことはその間において被相続人の世話をしたことを無視したものであると怒っていた。X 氏の依頼を受けていた Q 弁護士は、冷静に経過を見守っていたが、時間が経過するに従って X 氏の怒りも静まり、X 氏が Y 氏と Z 氏に対して代償金を支払う方向で話し合いが進んだ。主な争点は、遺産のうちの不動産の評価にあり、双方が知り合いの不動産業者が作成した査定書を提出したが、その金額の開きは大きく、鑑定をせざるを得ないところまでいった。しかし、鑑定費用が相当の額に上ることを知った後、全員が協議によって金額を定めることになった。また、Y 氏と Z 氏が主張していた X 氏の特別受益については、具体的相続分を決定する際に考慮してもらえばよいということになった。

　このようにして、ようやく遺産のうちの不動産の評価額を 5000 万円とすることで合意に達し、また、X 氏の特別受益についても、Y 氏と Z 氏の取得額にそれぞれ 100 万円を加算することで合意に至った。

　Q 弁護士は、X 氏の求めに応じて、調停条項の作成に取りかかることになった。ところが、調停条項案を作成するうちに、X 氏は、「代償金を支払うために遺産の株式を売却しようと考えていたものの、ここにきて株価が大幅に下落しているので、現物分割の方法に切り替えてほしい」と言い出した。遺産分割調停は、依頼者の気が変わりやすいことが多いから要注意だと言われていたが、まさにそれが的中した。Q 弁護士は、X 氏の説得に取りかかった。

| Scene i | 遺産分割方法を決定する

遺産分割方法を決定する

Prologue

　遺産分割の方法には、現物分割、代償分割、換価分割、共有分割という4つがあるが、A氏の分割方法としては、現物分割に適さない自宅の土地建物があり、W社の株式も値動きが激しく固定金額を設定しづらかったため、遺産全部をX氏が取得することとした上で、代償金を支払う代償分割が最もよいと考え、Y氏とZ氏の弁護士の説得もしてきた。しかし、大詰めの段階になって、依頼者X氏の気が変わり始めた。ここで強引に説得すると、後で文句を言われるおそれがあるし、最悪の場合には解任されてしまう危険性もある。かといって、次回調停で基本合意に達した分割案を根底からひっくり返すと、相手方はもちろん調停委員からも不興を買いかねない。どうしたらよいのだろうか。

現場力

1. 遺産分割には4つの方法がある

　遺産分割の方法としては、現物分割、代償分割、換価分割、共有分割の4つがありますが、それぞれの内容とメリット・デメリットは、次のとおりです。

① 現物分割

　相続分（法定相続分と指定相続分の両方を含む）に準拠して現物を分ける方法です。たとえば、土地については、分筆登記をした上で単独所有とし、預金についても、一定額の払戻し請求権を有するとするわけです。遺産分割の原則的な方法であり、相続人間の形式的平等が実現できますから、比較的不満が少ないというメリットがありますが、狭小な土地や形の悪い土地あるいはマンションでは合意成立が困難というデメリットがあります。

【遺産分割調停】Act Ⅲ　調停成立を見据えた場面にて

② 代償分割

　一定の相続人が遺産を取得し、遺産を取得しない相続人に対して相続分を基準とした代償金を支払う方法です。相続分に見合う遺産を取得しない相続人に対して公平を実現するためにも行われます。分割に対する相続人の不満がないというメリットがあります。しかし、狭小な土地とかマンションがほとんど唯一の遺産であるような場合には、代償金を調達することが困難となりますから、採用が難しいというデメリットがあります。

③ 換価分割

　現金と預貯金以外のすべての遺産を換価し、その後の金銭を相続分に依拠して分割するものです。単純明快というメリットがありますが、税務処理も含めた換価方法について明確な合意をしておかないと、換価ができなくなるというデメリットがあります。また、予定した金額で換価できる保証がないことも大きなデメリットです。

④ 共有分割

　相続分に依拠して遺産を共有（物権法上の共有）にしておくという方法です。遺産を分散させないというメリットがありますが、その後の共有物分割が必須となります。実質的に遺産分割協議を後送りにするものといってよく、その後に相続人が死亡して縁故の薄い共有者ばかりとなると、共有物分割もかなり紛糾することが避けられません。

2. 遺産分割方法は二次案まで用意する

　遺産分割事件を受任したときには、以上の4つの分割方法のどれを採用するかを依頼者とよく相談しておくことが求められます。また、仮に代償分割の方法を採用することにしたとしても、相手方の相続人が他の分割方法に固執することもあり得ます。そのような場合に備え、第二次案についても協議しておくべきです。遺産分割の調停では、①相続人の特定→②遺産の特定→③特別受益・寄与分の決定＝具体的相続分の決定→④分割方法の決定という流れになるのが通例ですが、①と②が問題となることは比

194

較的少なく、③も問題にならないとすると（実際にはここで紛糾すること
が多いのですが）、すぐに④の協議に入ります。

　裁判所が敬遠されていた時代には、遺産分割調停となったのは、自宅の
土地建物のほかに、広大な土地を所有し、多額の預貯金を残し、投資用の
株式や投資信託を複数所有していたというような資産家について、子だく
さんを反映したかなりの数の相続人が関係する案件に限定されていまし
た。2〜3名の相続人で遺産も自宅土地建物に預金があるくらいでは遺産
分割調停までに至らなかったのです。一昔前、著名な弁護士は、おおむね
巨額の遺産を巡る遺産分割事件を抱え、かなりの数の相続人を相手方とし
て数年もかけて処理していたものですが、現在は、マンション1室、預
貯金500万円というような遺産を2人の兄と妹で争うようなケースも増
加しています。

　遺産も少なく、相続人の数も少ない場合には、4つの分割方法のどれを
採用しても相続人間の公平が保てないことが少なくありません。遺産分割
方法を固定的に考えない姿勢が大切であろうと思います。

3. 審判となった場合の分割方法を予想する

　遺産分割では、他の相続人の対応に接して感情を激化させたり、会社の
退職や子どもの結婚などの自らの経済的環境が変化したことに基づき、一
旦納得した分割案を反故にすることがままあります。そのようなときには、
依頼者と次の分割案を協議したり、依頼者の感情を沈静化させて元の案に
戻させたりするのですが、どうしても納得しないことがあります。このよ
うに暗礁に乗り上げてしまったときは、審判手続に移行することも視野に
入れる必要が出てきます。審判ではどのような結論になるかを予測しなけ
ればなりませんが、どの遺産を誰が取得することになるのかを予測するの
は、民事訴訟の判決を予測するより難しいのです。ただ、不動産の評価額
については、相続人全員の合意が成立していない限り、鑑定になるのが通
例です。不動産の数が多かったりすると、鑑定額も相当な額になることを
覚悟することとなります（審判では、鑑定費用は遺産取得額または相続分
に応じて分担させるのが通例です）。また、具体的相続分を無視した審判

【遺産分割調停】Act Ⅲ　調停成立を見据えた場面にて

は、その後の不服申立てが必至となりますから、代償金を支払わせることによって相続人間の公平を図るようになるのが通例です。

このような審判の結果を予測し、依頼者と最後の協議をすべきです。審判結果も予測せずに審判手続に移行し、予想外の結果が出たとき、依頼者はえてして弁護士に「このような結果を予測できなかったのですか。どうして事前に説明してくれなかったのですか」とクレームを付けてくるものです。

4. 相続分の譲渡を活用する

相続人の中には、遺産の取得を望まない人がいることがあります。一人あたりの取得額があまりに少ない場合、相当の資産をすでに築いている場合、相続人間の争いに嫌気をさしてしまった場合などが典型例です。そのような場合には、当該の相続人に対してその相続分を他の相続人に譲渡してもらう方法があります。譲渡は無償でも有償でもよいのですが、有償の場合は、相続分の買取りということになります。相続分の譲渡があると、分割協議に加わる相続人の数が減り、より簡明になります。なお、相続分の譲渡があると、家庭裁判所は、譲渡者について調停手続からの排除決定をします（家事事件手続法258条）。

ちなみに、相続分の一部を譲渡することも可能と解されており、内縁関係にあった者に相続分の一部を譲渡すれば、遺産分割の当事者として調停手続に参加することが可能となります。

次に、相続の放棄ではなく、相続分の放棄という手続もありますが、その法的性格については、遺産の取得分を0とする意思表明とする考え方と具体的な遺産に対する共有持分権を放棄する意思表示の集合体とする考え方に分かれています。しかし、いずれの見解に立っても、相続の放棄とは異なり、相続人の地位を失うことはなく、相続債務を負担することに変わりがないとされますから、調停手続ではあまり採るべき方法ではないように思います。

| Scene i | 遺産分割方法を決定する

現場力の Essence

■ 現物分割・代償分割・換価分割・共有分割のメリットとデメリットを
検討する

■ 遺産分割方法は、固定的に考えず、二次案も用意する

■ 調停不成立後の審判がどうなるかを予測する

■ 遺産取得を希望しない相続人については相続分の譲渡制度を活用する

■ 相続分の放棄はあまり採るべきではない

Intermezzo

異論・反論付

遺産分割事件はなぜ長引くか

白森弁護士

　遺産分割事件が長引くのは、さまざまな原因がある。遺産が膨大であり、その全容を解明するのに時間がかかる場合もあれば、相続欠格事由の有無（遺言書を隠匿したかなど）や廃除の成否を待つ場合もあるが、一般的には、特別受益と寄与分の主張がなされた場合であろう。相続人は、他の相続人が得をしているのではないかということに敏感であり、公平・平等を強く主張してくるので、どうしても事案が複雑になるのである。しかし、私は、遺産分割事件が長期化する根本的な原因は、長期化しても何らの損（経済的損失）をしないことにあると思っている。営利企業の債権回収事件では時間に関する経済的合理性が支配するが、相続事件では時間に関する損得がないのである。つまり「ごねても何も損をしない」のである。また、血を分けた兄弟の間には、遠慮という制約がないことも大きい。第三者に対して大声で罵倒することははばかられても、血を分けた兄弟に対しては、昔の兄弟喧嘩のように何の遠慮もなく大声が出せる。ましてや、妻と亡夫の兄弟姉妹の相続紛争は、同じ被相続人を挟んだ赤の他人どうしの争いであるから、余計に激しいものとなる。遺産分割事件での相続人の醜いいがみ合いを見ていると、天国の親は嘆いているだろうとつくづく思う。

赤林弁護士

　遺産分割事件は、2ないし3回の調停で終わったためしがない。第1回では、相続人の確定と遺産の範囲の確定をするくらいで終わり、2回目で、各相続人の分割希望を聞き、それを開示する程度で終わり、3回目から相続人の取得希望遺産についての本格的な調整が始まるのが通例だと思われる。この3回の期日で調停申立てから4か月前後が軽く経過する。そして、特別受益や寄与分の主張がなされると、代理人弁護士が選任されている事件では、かなり長大な主張書面と書証が提出される。こうして、さらに6か月程度が経過する。遺産分割事件が長期化する根本原因は、白森弁護士が言うとおりだと思う。とにかく、遺産分割事件は時間がかかることだけは確かであり、依頼者にも、事前に説明しておくことが大切である。

緑木弁護士

　私が過去に受任した遺産分割事件は、相続人の数も遺産の範囲も小さいものであったため、そんなに長期化しなかった。しかし、司法修習の時の指導弁護士や同期のイソ弁の話を聞くと、遺産分割事件にはかなりの時間がかかっているのは間違いないようである。そして、遺言書の有効無効や解釈が争われる場合や被相続人以外の名義の財産が遺産になるかが争われる場合を除くと、法律論が大きく問題となることは、寄与分と特別受益を除けば、ほとんどないとも聞いている。しかし、預貯金が遺産分割対象か、遺産から生ずる賃料は当然分割されるのか等相続に関する重要判例が連続しており、最新の判例理論と学説も常に勉強しておきたい。弁護士の相続に関する知識不足のために長期化したなどと言われないようにしたいと思う。

【遺産分割調停】Act Ⅲ　調停成立を見据えた場面にて

Scene ii 遺産の取得者等を決定する

Prologue

　A氏の遺産分割については、依頼者である長男X氏が自宅の不動産とW社の株式を取得することになったため、次男のY氏と長女のZ氏は、残りの預貯金を等分に分けて取得することにせざるを得なくなった。しかし、Y氏とZ氏は、法定相続分をあまりにも無視するものだと主張し、差額を金銭で清算すべきであると強硬に主張している。ところが、預貯金をY氏とZ氏がすべて取得するとなると、X氏は、W社の株式が値動きが激しく売却しても大きな金額にはならないであろうことから、代償金を工面することができない。Y氏とZ氏は、不動産の評価額も安いとして、知り合いの不動産業者が作成した査定書を提出してきた。
　X氏は、「銀行からお金を借りようにも、私の収入と年齢では返済が難しい。かといって、私の両親が苦労して取得した自宅を手放すことも考えられない」と言って、Q弁護士に泣きついている。
　X氏の意を体したQ弁護士が「代償金を減額し、かつ、分割払いにしてほしい」等と提案しようものなら、Y氏とZ氏は、「それなら自宅を売ってお金にすればよいだけである」と回答するに決まっている。どう対応したらよいのだろうか。

1. 相続分どおりに分けるか・評価をして分けるか

　誰がどのような遺産を取得するかは、もちろん、話し合いで決めますが、長男が自宅の土地建物を取得すると言い張ったり、長女が不動産は売却しすべての遺産を現金化して相続分どおりに分けてほしいと言い張ったりするケースは、しばしば見受けられます。そこに相続人の配偶者、特に女性

相続人の夫が介入してくると、事態は紛糾していきます。私は、このような人を「応援団」と呼んでいますが、応援団だけに声が大きいのが特徴です。

相続分どおりに分けるという言葉は、公平なように聞こえますが、現金と預貯金のみが遺産である場合を除けば、なかなか難しいのが現実です。民法906条が遺産分割は遺産に属する物または権利の種類と性質、相続人の年齢・職業、心身の状況、生活の状況その他一切の事情を考慮すると規定しているのは、機械的・形式的な公平を求めていないことを示しています。

遺産に不動産や株式がある場合、当然に評価が必要となります。遺産分割での評価基準時は、相続開始時＝被相続人の死亡時ではなく、分割時＝直近時点ですが、価格変動幅が大きい遺産、たとえば株式については、一旦評価しても、その後に暴落したり暴騰したりすることがあれば、やり直しが必要となります。また、不動産については、評価をしても、実際に売却するとなるとその評価どおりには売れないことがしばしばです。

相続分どおりに分けるといっても、1円も違わない額を要求しているわけではなく、実際に手にする額が相続分に見合っていることを主張しているものですから、結局は、遺産の評価をどうするかにかかってきます。相続人全員が合意すれば、不動産業者が作成した査定書でもよいのですが、納得しない相続人がいれば、正式の不動産鑑定士による鑑定が必須となります。しかし、相続人の色のつかない不動産鑑定士を選定することが難しい上、鑑定の費用は、不動産の数と評価結果によってはかなりの高額となることがネックとなることが多いのです。さらに、土地価格の変動が激しい時期ですと、鑑定結果の「賞味期限」が短期間で切れてしまいます。評価方法が折り合わなかったために調停に移行するケースも相当数あります。

調停手続でも、評価方法をどうするかは、遺産に不動産がある場合にほとんどといってよいほど課題となります。路線価や不動産業者の査定金額ですべての相続人が合意できればよいのですが、そうでない限り、鑑定は必須となります。相続人の主張額の開きが鑑定費用を下回っていると、何のために鑑定をしたかがわからなくなります。しかし、相続人は、えてし

て損得勘定ができなくなっていることが多いのです。

2. 不動産の取得希望がないときはどうするか

　最近問題となっているのが、取得希望者がいない不動産が増えていることです。子どもが独立してマイホームを取得すると、親の所有していた不動産はいらないとする傾向が出てきます。その不動産が、処分しても二束三文であり、持ち続けても雑草取りや樹木の剪定などの手間ばかりかかるような場合には、取得希望者がおらず、相続人間で押し付け合いが始まります。

　当面は相続人全員の共有とし、管理費用は相続分に応じて負担する方法、いくらになってもよいとして換価してしまうか、自治体などに寄付してしまう方法、特定の相続人の取得とし、換価できるまでの管理費用を他の相続人が分担する方法等が考えられますが、僻地の山林となると、そのような方法も難しくなります。誰かが犠牲になるほかはないのですが、相続人は、経済的な補償がない限り、自分がその犠牲者になることを嫌がるのです。

3. 債務を誰が負担するか

　相続債務は、遺産分割の対象とならず、相続開始と同時に相続分に応じて当然に分割承継されるとするのが判例であり、調停手続でも、相続債務の負担者を決定することは原則として行いません。しかし、相続人全員の合意があるときは、相続債務の負担者を特定するような調停条項を作成することがあります。たとえば、次のようなものです。しかし、これは、あくまで相続人内部の関係でのみ効力を持ちますから、後日争いが生じないよう、債権者の意向を事前に聴取しておくことが望まれます。

①申立人は、別紙債務目録記載の借入債務を、申立人の負担で弁済し、相手方らに負担させない。

②申立人は、別紙債務目録記載の借入債務のうち、相手方が承継した2分

の１の部分につき重畳的債務引受をし、申立人において責任をもって弁済する。

③申立人は、別紙債務目録記載の借入債務のうち、相手方が承継した２分の１の部分につき、その履行を引き受け、申立人において責任をもって弁済する。

4. 祭祀承継者を誰にするか

　遺産ではありませんが、祭祀承継者を誰にするかもよく問題となります。しかし、祭祀承継者の決定は、遺産分割事件とは別の事件ですから、別途祭祀承継者決定の調停を申し立てる必要があります。戸籍謄本などは遺産分割手続のものを転用することが可能ですから、申立て自体はそんなに面倒でもありません。なお、祭祀承継者が合意できなければ、審判に移行します。誰も祭祀を承継したくないといっても、審判官は承継者を決定します。

現場力の Essence

■ 「相続分どおりに分ける」は、なかなか難しい

■ 不動産の鑑定費用は、その数と評価結果によりかなりの高額となることがある

■ 不動産の取得を希望する相続人がいない案件が増えている

■ 相続債務は相続開始と同時に当然分割されて相続人に承継されるが、相続人内部では、負担者を取り決めることができる

■ 祭祀承継者の決定は遺産分割調停と同時に申し立てることができる

Intermezzo

異論・反論付

依頼者をどこまで説得するか

白森弁護士

　遺産分割事件は、相続人の特定、遺産の範囲、特別受益や寄与分の争いは法律問題であるものの、これが解決して具体的相続分が決まると、どの財産を誰が取得するかは、基本的に法律問題ではなくなると考える。したがって、依頼者に対して「この遺産の取得は諦めなさい」とか「この遺産とこの遺産はぜひ取得するように勧めます」等と言うことが困難である。私は、依頼者がどの遺産を取得するかについては、説得しないことにしている。遺産分割事件は、その多くの部分が法律問題ではないから、特別な縁故でもない限り受任しないようにしている弁護士もいるそうである。しかし、大きな遺産額の場合には、かなりの弁護士報酬になることも間違いなく、昔は、億単位の弁護士報酬を得てしばらく働かなくても済んだ幸運な弁護士もいたと聞いている。このような弁護士は、調停に行っても、具体的相続分が決まった後は単なる付き添い程度のことしかしていないのではないかと思う。依頼者に対してガンガン説得すると、かえって解任の危険性を高めると考える。ということで、私は、どの遺産を取得するかに関して依頼者を説得することはしない。

赤林弁護士

　私も、遺産分割事件を高校の同級生や顧問先の社長等から頼まれるようになったが、実際に分割協議に取りかかると、実に難しい。私が対面した高齢の弁護士で、私から依頼者が取得を希望する遺産を述べたら、「あげません！」と大声を出した人がいた。その弁護士は、「私の依頼者は、死んだ被相続人のために看護に努めた素晴らしい人です！」とまで言い出し、相続人本人が乗り移った人でもあった。こんな弁護士を見ると、依頼者に「あの遺産の取得は諦めなさい」とも言えず、悶々とする。遺産分割事件は本当に馬鹿馬鹿しいと実感した場面である。しかし、相続人の特定、遺産の範囲確定、特別受益や寄与分の決定、そして遺言書の有効無効の判定と条項の解釈は、まさに法律問題として弁護士の活躍すべき事項であるから、これに関しては全力を傾注するようにしている。

緑木弁護士

　私は、弁護士経験が浅いので、まだ遺産分割事件は一件しか受任したことがない。それも、大学時代の同級生の父親が相続人となったものであって、遺産も被相続人の自宅土地建物と2000万円前後の預金しかなく、相続人も二人しかいない事件であったため、私の依頼者がかなり譲歩することで決着した。その事件の依頼者は、私が息子が通った大学の同級生ということからする遠慮があったと思うが、実に柔軟な対応をしてくれた。したがって、依頼者を説得するということは経験していないが、私と同期のイソ弁が遺産分割事件の担当を命ぜられて調停に出頭したら、相手方の相続人数名に取り囲まれ「弁護士なんかが出る幕ではな

い。出て行け！」と怒鳴られたそうである。調停の待合室で待っている際も、別の遺産分割事件のために出頭した人がいたが、他の相続人に対する悪口のオンパレードであり、ずっと座っているのが嫌になったとこぼしていた。

Scene iii 調停条項を作成する

Prologue

　A氏の遺産分割方法は、長男X氏が自宅の不動産を取得し、次男のY氏と長女のZ氏が残りの預貯金を等分に分けて取得することとした上、X氏がY氏とZ氏に対してそれぞれ金500万円の代償金を一括支払いすることで基本的に合意に達した。X氏は、代償金の調達に大変苦労したが、老朽化した建物とはいえ、リフォームをすればまだまだX氏とその妻が住み続けることが可能であると考えた長男M氏と次男N氏が貯めていたお金を拠出してくれたほか、フリーローンで合計600万円を工面することができた。
　Q弁護士は、遺産分割の実務書を見ながら、調停条項の起案に取りかかったが、裁判所でそのまま通るかどうか自信がない。X氏からは、「YとZは、よく気が変わるから、調停が成立するまで安心はできない。絶対に一発で問題なく調停を成立させてください」とプレッシャーがかかっている。

現場力

1. 調停条項は依頼者に説明するために作成する

　調停条項は、遺産の数が少なく、相続人も二人であるような場合は、調停委員会に一任しても特に問題はないのですが、遺産がたくさんある場合、相続人が多数に及ぶ場合、相続人間の感情的対立が激しい場合などは、あらかじめ調停条項の案を作成して、依頼者に説明し、了解を得ておくことが極めて有効です。
　分割条項については、「申立人は、別紙遺産目録1記載の土地を取得する」という方式と「別紙遺産目録1記載の土地は、申立人が取得する」という方式がありますが、どちらでも差し支えないとされています。一般的に

207

【遺産分割調停】Act Ⅲ　調停成立を見据えた場面にて

は、取得者を主語とする方式が採用されているようです。

2. 調停条項は二次的紛争を防止するように作成する

　調停条項には、清算条項が必ず入るとしても、後日の紛争再燃を防止するために、相続人確認条項、相続分確認条項、遺産確認条項を設けることも検討すべきです。

①相続人確認条項

　戸籍の記載と実際の相続人が一致しない場合、たとえば、身分関係の形成に関する認知、認知無効、婚姻取消、離婚取消、縁組取消、離縁取消等、相続人たる地位の形成に関する廃除、身分関係の確認に関する婚姻無効、離婚無効、縁組無効、離縁無効、親子関係不存在等が争点となった場合に、相続人の範囲を確認する条項を入れることがあります。

②相続分確認条項

　相続分の譲渡がなされたときなどに、相続分を確認する条項を設けることがあります。

③遺産確認条項

　「当事者全員は、別紙遺産目録記載の財産が被相続人Aの遺産であることを確認する」との条項ですが、これには既判力が生じ、後日争われることがありません。

④遺産発見条項

　「別紙遺産目録記載の財産以外の被相続人Aの遺産が発見されたときは」として、「当事者全員は、その分割につき別途協議する」とする別途協議条項、「当事者全員は、その法定相続分に応じてこれを分割する」とする法定相続分分割条項があります。また、具体的な財産、たとえば預貯金を指定して分割方法を定める条項もあります。

| Scene ⅲ | 調停条項を作成する

3. 不動産の登記が被相続人名義でない場合には注意する

　不動産の名義が被相続人になっていない場合があります。たとえば、相続開始後に一部の相続人が共同相続登記をした場合が代表例ですが、相続開始後に特定の相続人に対する相続登記がされた場合等もあります。このような場合については、調停調書によって確実に登記ができるようにするため、知り合いの司法書士に事前相談をしておくことをお勧めします。知り合いの司法書士がいない場合は、法務局の相談窓口で相談することも考えられますが、必ず期待した答えが返ってくる保証はありません。やはり、ツテをたどって司法書士と懇意な関係を築いておくべきです。このことは、税理士についてもいえます。

4. 換価分割の条項には細心の注意を払う

　遺産中の不動産の取得を誰も希望しないときには、換価分割がなされることがあります。この分割方法は、①共同相続人の全員または一部の者が遺産たる不動産を共同相続人名義にする条項（登記費用の負担を含む）、②「○○不動産を取得した当事者全員は、共同して、速やかに同不動産を売却する」との条項、③売却手続を誰が行うか、不動産業者の仲介手数料・売買契約書の貼用印紙の負担をどうするか、最低売却金額を定めるか、売却期間を限定するか、仲介契約は一般媒介か専任媒介か等の条項が必要です。共同相続人の共有登記が終われば、その後に一人でも反対すれば売却ができなくなります。共有者となった人の考えがどのように変わろうと適切な対応ができるようにしておくことが求められます。

5. 代償金を支払う条項にも注意する

　代償金条項には、①支払義務があることを明記する方式＝「申立人は、相手方に対し、上記遺産を取得したことの代償として、金1000万円の支払義務のあることを認める」、②支払うものとする方式＝「……金1000万円を支払うものとする」、③債務負担方式＝「……金1000万円の債務を負担する」、④給付条項とする方式＝「……金1000万円を、令和○年○月○日限り、相手方名義の○○銀行○○支店の普通預金口座（口座番号

【遺産分割調停】Act Ⅲ　調停成立を見据えた場面にて

×××××番）に送金して支払う」の４つがあります。審判では、一般的に④の方式が採用されます。

現場力の Essence

■ 調停条項は、依頼者に対する説明を万全にするためにも作成する

■ 調停条項の作成にあたっては、調停成立後の二次的紛争が発生しないように配慮する

■ 不動産の登記名義が被相続人となってないときは司法書士に確認する

■ 換価分割の条項を作成するときは、共同相続人の一人が心変わりをしても問題のないように配慮する

■ 代償分割の条項を作成するときは、給付条項とするのが一般的であるが、他にも支払義務確認条項、債務負担条項等がある

| Scene iv | 調停を成立させる

Scene iv 調停を成立させる

Prologue

　X氏、Y氏、Z氏の考えもようやくまとまり、Q弁護士が作成した調停条項案で調停を成立させることになった。ところが、Y氏とZ氏は、3回目の調停からB弁護士を選任し、以後の調停期日にはB弁護士がY氏とZ氏の代理人として出頭していた。
　裁判所は、B弁護士に連絡し、Y氏とZ氏の2名を代理することについて、これを承諾する旨を記載したY氏とZ氏名義の上申書を提出してほしいと依頼し、Y氏・Z氏は、B弁護士経由で、その上申書を提出した。
　これで調停成立の障害がなくなったため、担当裁判所書記官からは、次回には調停成立予定である旨の電話連絡が入った。

1．複数依頼者との利益相反問題を解消する

　弁護士法25条は、弁護士の職務を行い得ない事件＝利益相反行為を規定していますが、複数の相続人から同時に委任を受けることは、弁護士法25条1号の「相手方の協議を受けて賛助し、又はその依頼を承諾した事件」に該当するとの見解が有力です。しかし、弁護士法25条が発動するためには、利益相反が顕在化していることが要件となるとする考えも有力であり、相続人間に実質的な利害対立がなければ、複数の相続人の委任を受けても差し支えないものと解釈されています。
　裁判所では、上述したように、一人の弁護士が複数の相続人から委任を受けている場合には、複数の相続人を代理することを承諾する旨の上申書を提出させる運用をしているところがあります。また、遺産分割調停成立

【遺産分割調停】Act Ⅲ　調停成立を見据えた場面にて

の際には、一人の弁護士は一人の相続人しか代理できないこととし、その他の相続人の委任はすべて解除し、相続人本人または新たな委任を受けた弁護士に出頭させる扱いをしているところもあります。調停が係属する裁判所がどのような運用をしているかは、事前に電話で確認しておくとよいと思います。

2. 調停成立の場に立ち会う

　調停を成立させる際は、当事者全員が同席になりますから、対立する相続人と依頼者がどのような席順で座るかについての気配りが欠かせません。調停室に入る順番によっては激しく対立していた相続人が隣どうしになってしまうこともありますから、代理人の弁護士が真ん中に座って隣どうしにならないようにすることも大切です。

　また、調停成立の際には、書記官立ち会いのもとに、裁判官が調停条項を読み上げることになっていますから、控えの調停条項案どおりになっているかをチェックする必要があります。違っているときは、間髪を入れずに裁判官に指摘することが求められます。ちなみに、家事事件手続法268条1項は、合意内容を調書に記載したときに調停が成立するものと規定しています。

　裁判官の読み上げが終わり、「これで調停成立とします」と宣言したら、調停委員に対しては、「お世話になりました」と一言挨拶しておくことも忘れないようにしたいものです。そして、書記官から、調停調書の交付についての説明が終わると、退室することになります。

3. 調停調書を受け取る

　調停調書は、簡単なものであれば即日交付されることもありますが、複雑な事件では、作成までに数日の時間を要します。そのようなときは、いつ頃できるかを質問した上、郵送してもらうか裁判所に取りに行くかを書記官に伝えておくことになります。

　なお、調停調書を受け取った後に、これをもとにして不動産の登記、預金の名義変更等に進むことになりますが、不動産登記については数日を要

しますから、依頼者の意向を尋ねた上で、まずは預金の名義変更から行うことも検討すべきです。1通しかない調停調書をどのような順番で使用するかについては、依頼者と協議しておくことが求められます。

[髙中正彦]

現場力の Essence

■ 複数の相続人を代理するときには、弁護士法 25 条の抵触問題に適切に対応する

■ 調停成立の場面では、調停室における座り順にも配慮する

■ 裁判官が調停条項を読み上げているときは、自分の控えをチェックし、間違いがあれば直ちに指摘する

■ 1 通しかない調停調書の使途を考える

Intermezzo

異論・反論付

遺産分割事件の弁護士報酬をどう請求するか

白森弁護士

　遺産分割事件の弁護士報酬は、実に難しい。タイム・チャージ制を採用しなければ、着手金と報酬金に分けるのが一般的であろうが、着手金の算定について遺産の総額を法定相続分で乗ずると、結構な金額になってしまうことが多いし、そもそもまだ何の遺産も手にしていない人に高額の金額を請求すること自体がはばかられることが多い。また、成功報酬金であるが、これも取得できた遺産の評価額をもとに請求すると、不動産のみを取得した人からの了解はなかなか得られない。私は、調停申立書作成○万円、調停出頭1回あたり○万円、書面作成1通あたり○万円として着手金を請求し、成功報酬金については取得額の○％相当額とし、不動産のみを取得した人については、分割払いをしてもらうことも行っている。

赤林弁護士

　私は、事件受任時には、遺産全体の評価額をベースとして、廃止された弁護士会の旧報酬基準に準拠した着手金の額を算出して請求している。ただ、不動産については、依頼者と評価に関して争いになっても困るから、土地は路線価、建物は固定資産評価額で計算した。成功報酬金については、取得額をベースとして、弁護士会の旧報酬基準に準拠した金額を算出するが、不動産のみを取得して現金がない人の場合は、適当に減額

するようにしている。しかし、着手金や成功報酬金の額が高いのではないかとの不安がなかなか消えず、弁護士会の旧報酬基準の最低額を採用することはもちろん、さまざまな減額要因を探し出し、依頼者の了解を得るようにしている。

緑木弁護士

私は、大きな遺産分割事件を受任したことがないから、赤林弁護士と同じ方法で着手金と成功報酬金の額を算定していた。もちろん、金額も少ないから、問題なく支払ってもらえた。しかし、同期の弁護士から聞いたところでは、着手金は弁護士が独自に評価した遺産総額を基礎とし、成功報酬金は取得することができた遺産の総額を基礎として、全部で数千万円の金額を請求し、現実に支払ってもらったボス弁がいるとのことである。不動産を多く取得したとしても、特に考慮はしなかったということである。このようなドライな報酬請求ができれば事務所経営も楽なのであるが、依頼者のことをあれこれ考えてしまう私は、金儲けが本当に下手なのだと思う。しかし、そのことを恥じる気持ちは全くない。

Act

IV

調停成立後の場面にて

【遺産分割調停】Act Ⅳ　調停成立後の場面にて

 Monologue

　被相続人 A 氏の遺産分割調停は、1 年半の時間をかけてようやく調停成立となった。家庭裁判所の調停調書も受け取り、いよいよ分割の実行をすることになったが、依頼者の X 氏は、「不動産の相続登記をしようにも、知り合いの司法書士はいない。また、相続税の申告についても、税理士を知らない。これらは、A 先生がやってくれるのですか」と言う。しかし、Q 弁護士は、登記をやったことも税務申告をやったこともない。また、身近に司法書士や税理士の知り合いもいない。一体どうしたらよいのだろうかと悩んでいる。

　さらに、A 氏の遺産中に、賃貸マンション 1 棟があり、その賃料についての協議をしていない。調停の席上では、調停委員から、「賃貸マンションの賃料は、遺産ではありませんから、調停外で処理をしてください」と言われていた。

　また、X 氏からは、「今回の父 A の遺産分割では、精神的にもかなり大変であったので、自分の遺産分割ではこんな思いを妻や子どもにさせたくない。是非遺言を作成しておきたい」と頼まれている。

Scene i 相続登記をし、預貯金を払い戻し、相続債務を弁済する

Prologue

　Q弁護士は、家庭裁判所から、亡A氏の遺産のうち土地建物と郵便貯金とJ銀行の預金をX氏が取得することを記載した調停調書を受け取り、X氏に原本を手渡し、土地建物の相続登記と預貯金の名義変更手続をするように指示した。ところが、X氏は、「私ではわからない。先生にお願いしたい」と言い出した。相続登記はやったことがないし、預貯金の名義変更も、銀行から細かいことを言われそうで嫌だった。しかし、依頼者のX氏に対して、つれない返事もできない。友人の弁護士に電話して、司法書士を紹介してもらった。登記はその司法書士に頼めば済むが、預貯金の名義変更はそうもいかない。どうしたらよいのだろうか。

現場力

1．相続登記をする

　相続登記は、遺産分割協議書または調停調書を原因証書として行いますが、不動産の表記に誤記があると、法務局は受け付けてくれません。調停調書では、裁判所の書記官が登記事項証明書との同一性をチェックしてくれますが、全く誤りがないとも断言できません。遺産分割協議書では、誤記があったときの訂正のため、1頁目の上部空スペースに相続人全員の「捨て印」を押捺してもらうことで対処できますが、調停調書では裁判所で訂正（更正決定）してもらう必要が出てきます。
　次に、不動産が一つ等の簡単な場合は、弁護士が登記申請を代理することも十分に可能ですが、あまりに多数の不動産がある場合、相続登記が長らく放置され、その間に数次の相続があった場合には、やはり司法書士に

【遺産分割調停】Act Ⅳ 調停成立後の場面にて

依頼するのが賢明です。そのため、親しい司法書士を持っておくべきです。数次の相続があったときの調停条項や遺産分割協議書の記載方法は、あらかじめ司法書士または法務局に問い合わせて確認しておく必要があります。

2. 預貯金の払戻しをする

遺産中には、ほとんどといってよいほどゆうちょ銀行の貯金、銀行や信用金庫の預金が入っています。この特定方法ですが、名称、種別、記号番号・口座番号を記載して行います。相続時の残高を記載する必要はありません。なお、信用金庫・信用組合・農業協同組合の預金通帳が出てきた場合には、預金取引をするために必ず出資金を預託していますから、出資証券を探すように指示する必要があります。どうしても見つからないときは、当該信用金庫等に行ってもらって出資証券番号を確認しておく必要があります。

そして、調停調書に従った預貯金の名義変更手続ですが、ゆうちょ銀行については、どこの郵便局でも受け付けてくれますが、「特定郵便局」では取り扱ってくれません。銀行や信用金庫ですが、それぞれに請求用紙が決められており、それを取得して記載するようにします。昔、調停調書を持参してある金融機関に行ったときに、相続人全員の実印を押捺した「相続届」を提出してほしいと言われ、仰天したことがあります。相続人全員が厳しく対立して実印を押せないから調停になったことを説明しても、その担当者は、マニュアルどおりに回答するばかりでした。都市銀行では、相続センターで一元管理しているところもあるようであり、かなり進んできましたが、一部には、調停調書の理解ができていない金融機関があるようです。依頼者本人に調停調書を手渡し、銀行に行って預金の名義変更手続をするように指示したとき、「先生、相続人全員の実印を押捺した相続届を出さないと手続ができないと言っています。どうなっているのでしょうか」との電話が入らないようにしたいものです。

また、金融機関の手続は、結構時間がかかります。名義変更手続をする際には、その必要性の高いところ（残高が多いところ等）から始めていくことも検討する必要があります。さらに、払い戻しについては、一人の代

220

| Scene ⅰ | 相続登記をし、預貯金を払い戻し、相続債務を弁済する

表者を決め、その人に払い戻す方法を求めてくることがありますが、相続人が厳しく対立していたため無理であることを説得すれば、個別の払い戻し処理をしてくれるところがほとんどです。

3. 相続債務を弁済する

　相続債務については、Act Ⅲで説明したように、遺産分割協議書や調停調書に負担者や弁済方法に関する条項を設けても、相続人間の内部関係を定めたものとしての効力しかなく、債権者には対抗できません。そして、相続債務は、相続開始とともに各相続人に法定相続分に応じて当然に分割承継されることになりますから、相続債務の弁済も、この考え方に従って行うことになります。金融機関は、相続人間の争いに巻き込まれることを回避するため、上記の理論どおりの運用をし、一人の相続人が相続債務全額の弁済をしようとしても、共同相続人全員からの弁済という形式の処理をするのが一般です。したがって、相続人全員の合意のもとに調停調書に一人の相続人が相続債務の全額を負担することを定めても、そのとおりに処理できる保証はありません。事前に当該相続債権を持つ金融機関に手続を確認しておくことも場合によっては必要です。

【遺産分割調停】Act Ⅳ　調停成立後の場面にて

現場力の Essence

■ 遺産分割協議書の不動産の表示に誤記があったときのために、相続人全員に捨て印を押捺してもらっておく

■ 多数の不動産がある場合、数次相続がある場合の相続登記は、司法書士に依頼した方が無難である

■ 信用金庫・信用組合・農協の預金があれば、必ず出資金があるから、出資証券を探させる

■ 預金の相続人への名義変更について、銀行所定の「相続届」の提出を要求されることがある

■ 相続債務を特定の相続人が弁済することを定めても、内部的な効力しかない

⊕ Intermezzo

【異論・反論付】

相続事件にどこまで付き合うか

白森弁護士

　相続事件は、遺産分割協議の成立または遺産分割調停の成立で終わりにならない。その後の相続登記、預貯金の名義変更、相続税の申告、相続債務の支払い等がすべて終わった時点で相続人は終わったことを実感する。特に、相続税は最大の関心事であり、相続税の申告と納付が終わると相続の大半が終わったように感ずるものらしい。私も、父親の相続を振り返ると、相続税の申告と納付が終わったときに肩の荷を下ろした気持ちになったことを覚えている。このようにみていくと、弁護士は、遺産分割協議や調停の成立をもってドライに「あとはよろしく」と言って依頼者を突き放すことはなかなか難しい。弁護士は、税務や登記のプロではないから、税理士や司法書士を紹介できるように人脈を築いておかなければならない。ワンストップ・サービスという言葉があるが、弁護士は顔が広いものだと思い込んでいる人が多いから、弁護士が窓口になって登記や税務を統率する必要があると思う。

赤林弁護士

　私も、白森弁護士と同様に、遺産分割協議や遺産分割調停の成立をもって相続事件は終わりにならないと考えている。ただ、私は、司法書士と税理士の知り合いがおらず、依頼者に紹介するのにかなり苦労している。また、ワンストップ・サービスを実現するため、

私自身が相続登記や相続税申告までを受任する内容の委任契約書を作成すると、偽りの内容の契約書を作成したことになってしまうし、私が、司法書士や税理士を履行補助者として使用することを明示し、司法書士報酬や税理士報酬を含めた弁護士報酬一本を請求する方法をとろうとすると、司法書士や税理士に対する合理的な分配基準を定めておかない限り、非弁護士との弁護士報酬分配を原則禁止する職務基本規程12条に抵触しかねない。

緑木弁護士

　私は、不動産を含むたくさんの遺産があって相続税の非課税限度を超えてしまうような事件を取り扱ったことがないので、今のところ、白森弁護士や赤林弁護士のような苦労をしたことがない。ただ、信頼できる税理士や司法書士の知り合いを作っておくことが是非とも必要なことはよくわかった。異業種交流の会が盛んであるが、意を決して参加するようにしたいと思う。異業種の人も、弁護士の知り合いを作っておこうと考える人は多いようなので、自分の魅力を磨いて売り込むようにしたい。Win－Winの関係を築くようになればよいと思っている。

| Scene ⅱ | 遺産から生ずる賃料を清算する

Scene ⅱ 遺産から生ずる賃料を清算する

Prologue

　亡A氏の遺産の中には、規模の小さい賃貸マンション1棟があり、10名の賃借人がいた。その賃貸マンションの管理については、不動産業者に委任していたが、A氏が死亡した後の賃料については不動産業者に預かっておいてもらいたいと依頼したが、断られてしまい、次男のY氏が全額をとりあえず受け取っていた。
　遺産分割調停が成立したため、次男が受領していた賃貸マンションの賃料の清算をすることとなったが、Q弁護士は、どのように進めたらよいのかがよくわからない。

現場力

1. 遺産から生ずる賃料は遺産ではない

　最判平成17年9月8日民集59巻7号1931頁は、相続開始から遺産分割までの間に遺産である不動産を賃貸管理した結果生ずる金銭債権たる賃料債券は、遺産とは別個の財産であって、各共同相続人がその相続分に応じて分割単独債権として確定的に取得するものと解するべきであると判示し、遺産から生じた賃料は、共同相続人が法定相続分に応じて分割取得することになりました。また、遺言で相続分の指定があったときは、その指定相続分に応じて分割取得することになるものと認められます。
　この判例によって、収益不動産（賃貸土地、賃貸アパートやマンション）が多数存在する相続の場合には、収益額を考慮することなく、遺産自体の評価をして分割協議をすれば足りることになりました。

【遺産分割調停】Act IV　調停成立後の場面にて

2. どのように清算するか

　そして、遺産の不動産から生ずる賃料の清算は、相続人全員が合意すれば、調停条項に清算方法を記載することができると解されますが、ほとんどは、調停成立後に清算がなされます。なぜかといえば、遺産分割調停成立時までの賃料額の確定ができないためです。

　したがって、調停成立後に各収益不動産の賃料額を計算し、それに法定相続分または指定相続分を乗じて、各相続人の確定取得額を算定します。収益不動産の賃料が被相続人名義の預金口座に振り込まれていた場合は、その預金口座を取得した相続人に口座解約手続をしてもらい、清算金を支払ってもらうことになりますが、特定の相続人が賃料を受領していた場合は、その相続人に対して、清算額を支払うように請求します。その際、相続開始後の固定資産税・都市計画税、不動産業者に管理を委任していたときの管理費用、共用部分の修繕費と水道光熱費等についても、清算することになります。

　賃料を受領していた相続人がこの清算をしないときは、訴訟を提起することにならざるを得ません。

3. 遺産分割調停事件と別事件かどうかを事前に説明する

　賃料から生ずる賃料の清算手続を弁護士が受任する場合、一般的には遺産分割調停申立てとは別の事件となると思います。しかし、依頼者は、同じ相続に関連する事件であるし、遺産から生ずる賃料の清算があって初めて想定した遺産取得額が確保されると考えがちです。当然に別の事件であるとし、着手金のみならず成功報酬金を請求することになると、「そんなことは聞いていない」と言われかねません。遺産分割調停申立てに関する委任契約書を作成するときに、遺産から生ずる賃料の清算事件に関する事前の説明をしっかりしておくべきです。

| Scene ii | 遺産から生ずる賃料を清算する

現場力の Essence

■ 相続に関する重要な最高裁判決が続いているが、最判平成 17 年 9 月 8 日民集 59 巻 7 号 1931 頁は、必ず理解しておく

■ 遺産から生ずる賃料の清算は、金額確定のため、調停成立後に行われるのが通例である

■ 遺産から生ずる賃料清算のための訴訟を提起する場合、遺産分割調停事件とは別の事件とするかどうかにつき、調停申立てに関する委任契約書の作成時に説明をしておく

【遺産分割調停】Act Ⅳ 調停成立後の場面にて

Scene iii 調停成立後の税務処理をする

> **Prologue**
>
> 　亡A氏の遺産分割調停が成立し、X氏からは、相続税の処理をどうすればよいかという質問がきていた。Q弁護士は、相続税の申告期限が迫りつつあった頃、各種の控除をしても相続税の申告が必要であることを確認していたので、とりあえず長男であるX氏が知っている税理士に対して、法定相続分による相続税の申告手続をしておくように指示していたが、遺産分割調停では、X氏が遺産のうちの土地建物と一部の預貯金を取得し、Y氏とZ氏に対しては一定の代償金を支払うことになったから、相続税の更正請求が必要となった。
> 　Q弁護士は、相続税の詳細は全くわかっていないため、X氏にどのようなアドバイスをしたらよいか不安でならない。

1．相続税の申告準備をする

　相続税の申告手続は、税務の中でも難しい分野とされ、税額計算もなかなか複雑です。また、遺産分割案を作成するときには、各相続人の相続税がどのくらいかかるのか、相続税を軽減するためにはどのような分割案がよいかを検討することが必須となります。遺産分割の事案では、税理士または公認会計士との協働が特に強く求められます。
　ところが、弁護士は、一般的に税務が苦手であり、特に複雑な相続税についてはついつい敬遠しがちとなります。しかし、後手後手に回ったときにこそ落とし穴があります。弁護士も、相続税に関する基礎的な知識は習得しておくべきであると思います。そして、大切なことは、自己流の解釈

をして満足してはいけないということです。相続税に関する入門書を読んだ程度では実務をすべて解決することができないことを知るべきです。

相続事件を一切受任しないという弁護士は極めて少数派だと思いますので、大半の弁護士は、日頃から気心が通ずる税理士または公認会計士との付き合いを欠かさないようにしたいものです。税理士や公認会計士とどのように知り合うかですが、知人や同僚弁護士の紹介もありましょうし、事件を通じて名刺交換をすることもあるでしょう。いずれにしても、幅広い交際を日頃から心がけるべきです。

2. 相続税の更正請求をする

相続税の申告期限は、現在相続開始があったことを知った日の翌日から10か月以内となっており、遺産分割調停を進めていると、申告期限を経過してしまうことがあります。そのような場合、法定相続分に従って相続税の申告をしておく必要があります。しかし、相続人間の感情的な対立が激しく、法定相続分に従った相続税の申告手続についても、それぞれが別の税理士を依頼して行うことがあります。この場合、税理士の作成した申告書の内容が異なることがあり得ますが、やむを得ません。税務署が調整していくことになります。

また、遺産分割調停がまとまったときに、法定相続分とは異なる割合の遺産取得となることがよくありますが、この場合は、更正請求を行い、相続税の還付または追納をすることになります。そして、遺産分割が円満にまとまったときは、一人の税理士に相続人全員が委任をすることになりますが、激しく対立したまま遺産分割調停が終わったとき、審判になったときは、別々の税理士に委任して更正請求を行わざるを得ません。費用も個別にかかりますが、やむを得ないと思います。

3. 代償金の処理をする

代償分割は、前述したように、現物遺産が困難な場合に選択されますが、相続税の計算をする際には代償金の額を控除することとなりますが、代償金を調達するために分割協議で取得した不動産を売却するという場合、不

【遺産分割調停】Act Ⅳ　調停成立後の場面にて

動産譲渡所得を計算する上で、代償金を「資産の取得費」として控除することはできません。したがって、遺産分割で取得した不動産を売却して代償金を工面するという場合には、譲渡所得税のことをしっかり考える必要があります。一つの方法として、譲渡所得税を計算し、それを控除した代償金の額とするやり方がありますが、必ず相当した金額と時期で売却できるわけではありませんから、この方法は安易に採用しない方が無難です。

現場力の Essence

■ 相続税申告に関する基礎的知識を習得しておく

■ 相続税の入門書を読んだ程度で万事解決と思い込んではいけない

■ 税理士や公認会計士の知り合いを作るようにする

■ 申告期限が迫ったときには、とりあえず法定相続分に従った分割に基づいて申告し、分割協議ができた段階で、更正請求をする

■ 代償分割の方法を採用した場合の代償金は、不動産譲渡所得の計算上資産取得費には該当しない

■ 代償分割をする場合は、不動産の譲渡所得税を計算しておくことが必要な場合がある

| Scene iv | 次の相続に備えた遺言書を作成する

Scene iv 次の相続に備えた遺言書を作成する

Prologue

　遺産分割調停が成立し、依頼者のＸ氏が取得した不動産と預貯金の名義変更手続も終了した。Ｑ弁護士も、亡Ａ氏の遺産分割手続がすべて終わったことでひと安心していたところ、Ｘ氏から連絡があり、「私も還暦が近くなり、いつまでも健康でいられるとも思えない。幸い、私の妻と子どもは仲がよいので私が死んだときに遺産争いをするとは思えないが、何が起きるかわからない。今回の兄弟間での遺産争いは、精神的にかなりきつく、こんな嫌な思いを妻と子どもにはさせたくない。安心したいと思うので、遺言書の作成をしたい。どうしたらよいか」と言ってきた。
　Ｑ弁護士は、遺言書の作成に関与したことはないが、どうしたらよいのだろうか。

現場力

1. 遺言が周知されるようになった

　高齢化社会を迎え、遺言の有用性が広く知れ渡るようになり、信託銀行は「遺言信託」を大きく広告しています。公証人役場も、遺言公正証書の作成が相当に増えていると聞きます。弁護士も、これまで以上に遺言に関する判例や実務の知識を充実させておくことが求められます。

2. 公正証書遺言の作成を励行する

　遺言については、自筆証書遺言がかなりのシェアを占めていると思われます。テレビドラマなどでも、遺言書といえば、封筒に入った自筆証書遺言を指しています。ところが、自筆証書遺言の最大のデメリットは、民法

【遺産分割調停】Act Ⅳ　調停成立後の場面にて

の規定に従わない無効原因が多いことです。氏名・作成年月日の記載、自書・押印の意義などを巡って実に多くの最高裁判例がありますが、これは、それだけ長期間にわたって遺言の有効性でもめたということを表しています。さらに、自筆証書遺言の欠陥は、検認手続です。その申立てをするためには、被相続人の出生から死亡までのすべての戸籍謄本・戸籍全部事項証明書、相続人全員の戸籍全部事項証明書を添付する必要があります。そして、検認手続が短時間で終わってしまい、遠方から出頭した相続人は、あっけにとられることです。検認期日通知書には、出席しなくとも不利益はない旨が明記されていますが、一般の人は、裁判所の通知に驚き、重大なことがあるのだろうと考えてしまいます。

このようにみると、公正証書遺言は、要件不備の心配が全くといってよいほどなく、検認手続も必要ありません。ほとんど唯一の欠点は、立会証人二人が必要なため、完全な秘密保持ができないことにあります。しかし、弁護士に依頼すれば、その事務職員や他の勤務弁護士を立会証人にすることによって、秘密性を保持することが可能となります。なお、公証人手数料が若干かかりますが、メリットを考えれば、安いものです。

弁護士が遺言公正証書を作成するときは、あらかじめ遺言書の案を弁護士が作成し、印鑑証明書等の必要書類を公証人に届けておくことによって、予約した時間に短時間で遺言公正証書を作成することができます。

3. 遺留分侵害額の請求をする

遺言が普及していくと、遺留分を侵害する遺言が増えてくることになります。なぜなら、法定相続分に従った遺言では、わざわざ作成する意味がありませんから、自ずと法定相続分とは違う相続分を指定したり、特定の財産を特定の相続人の取得とする遺産分割方法の指定をしたりすることになり、それらはおおむね法定相続分を無視することになるためです。そして、遺留分侵害額の請求をするにあたって気を付けるべきは、時効期間が遺留分の侵害を知ったときから1年と短いことです。相続法改正前は、遺留分の侵害に対して減殺請求を行うという仕組みでしたが、改正後は、すべて金銭請求をすることになり、かなり明快な制度となりました。しか

| Scene ⅳ | 次の相続に備えた**遺言書を作成する**

し、侵害額の算定については、難しい論点もありますから、改正法をよく理解しておくことが求められます。

[髙中正彦]

現場力の Essence

■ 弁護士が遺言作成を依頼されたら、原則として、面倒な検認手続がない公正証書遺言を作成する

■ 公正証書遺言の欠点として秘密性の保持があるが、弁護士が受任することによって克服できる

■ 公正証書遺言の案文は弁護士が作成し、立会証人の印鑑証明書等とともに公証人に届けておくと、効率的に作成できる

■ 遺留分侵害額の請求をする場合は、特に時効に注意する

Intermezzo

異論・反論付

遺言執行者に就任するか

白森弁護士

遺言執行者に就任した弁護士がその相続に関して特定の相続人の代理人となった場合につき、日弁連懲戒委員会の議決は割れているが、私は、基本的に遺言執行者になったのであれば、以後はその相続に関して特定の相続人の代理は一切しないことにしている。私と反対の行動をとる弁護士は、ある被相続人の相続に関して、遺言執行者の立場と相続人の立場の2方面から関与して報酬を得ようとするわけだが、私は、どこかのキャラメルのように「一粒で二度おいしい」思いをすることだと思っている。昔は弁護士も少なかったから、遺言執行者就任と相続人の代理との兼務も許されたのであろうが、今は弁護士数も大幅に増えているから、役割を分担すればよいのである。

赤林弁護士

遺言執行者に関する公平中立義務違反を理由とする懲戒は、私にとっても衝撃的なものの一つであった。それまでは、遺言執行者の事務が裁量のない機械的事務であれば、相続人の代理人となってもよいとされていたから、ほとんど疑問もなく、遺言執行者の立場にありながら、特定の相続人の委任を受けて遺留分侵害に対する減殺請求をしたりしていた。今は、遺言執行者に就任しないことにしている。そうすることによって、被相続人から事業を引き継いだ相続人の代理をすることに徹することができるからである。そして、後

> 見人とか相続財産管理人などの財産管理を任務とする職についても、遺言執行者と同様にステークホルダーとの等距離性が求められるように思うから、原則的に受任しないようにしている。

緑木弁護士

> 　私は、弁護士経験も浅く、仕事もそれほど多くないので、事件を頼まれたら原則として断らないことにしている。したがって、裁判所から遺言執行者に選任されたら就任を受諾するようにしている。問題は、その遺言執行の仕事が終わった後にあると思っている。日弁連懲戒委員会の議決には、遺言執行者の地位を退いた後であっても相続人からの等距離性・公平性が求められるとするものがあるから、私の遺言執行者としての仕事を見て好感を持った相続人から新たな事件依頼を受けることについては、細心の注意を払うことにしている。

［執筆者紹介］

髙中　正彦（たかなか・まさひこ）

1974（昭和49）年3月　早稲田大学法学部卒業
1979（昭和54）年4月　弁護士登録（東京弁護士会）
現在：髙中法律事務所

堀川　裕美（ほりかわ・ひろみ）

2002（平成14）年3月　明治大学法学部卒業
2006（平成18）年3月　明治大学法科大学院修了
2007（平成19）年12月　弁護士登録（東京弁護士会）
現在：日比谷見附法律事務所

西田　弥代（にしだ・みよ）

2002（平成14）年3月　慶應義塾大学法学部卒業
2007（平成19）年3月　明治大学法科大学院修了
2008（平成20）年12月　弁護士登録（東京弁護士会）
現在：隼あすか法律事務所

関　理秀（せき・りしう）

2004（平成16）年3月　学習院大学法学部卒業
2007（平成19）年3月　成蹊大学法科大学院修了
2008（平成20）年12月　弁護士登録（東京弁護士会）
現在：TMI総合法律事務所

弁護士の現場力　家事調停編
―事件の受任から調停終了までのスキルと作法―

令和元年 11 月 30 日　第 1 刷発行

著　者　　髙中正彦・堀川裕美・西田弥代・関 理秀

発　行　　株式会社ぎょうせい

〒 136-8575　東京都江東区新木場 1-18-11
電話　編集　03-6892-6508
営業　03-6892-6666
フリーコール　0120-953-431

URL：https://gyosei.jp

〈検印省略〉

印刷・製本　ぎょうせいデジタル㈱　　　　　　©2019 Printed in Japan
※乱丁本・落丁本はお取り替えいたします。

ISBN978-4-324-10664-8
(5108534-00-000)
〔略号：現場力（家事編）〕

弁護士の座右に備えたい実践書！

弁護士の周辺学
実務のための税務・会計・登記・戸籍の基礎知識

髙中正彦・市川 充・堀川裕美・西田弥代・関 理秀【編著】

●A5判・定価（本体3,000円＋税）

実務に役立つ知識が満載！

- ■ 六法だけでは実務はできない！誰も教えてくれない弁護士の周辺基礎知識。
- ■ 弁護士実務の周辺知識とも呼べる、税務、会計、登記、戸籍などの基礎をやさしくひも解く。

弁護士のリスクとその回避法をわかりやすく解説！

弁護士の経験学
事件処理・事務所運営・人生設計の実践知

髙中正彦・山下善久・太田秀哉・
山中尚邦・山田正記・市川 充【編著】

●A5判・定価（本体3,000円＋税）

- ■ 誰も教えてくれない、事件処理、事務所運営、人生設計、転落回避の"処生術"を実体験から説く。
- ■ 新人・若手から、ベテラン弁護士まで、困難な時代を生き抜くためのヒントが詰まった一冊。

弁護士の現場力　民事訴訟編
事件の受任から終了までのスキルと作法

髙中正彦・堀川裕美・西田弥代・関 理秀【著】

●A5判・定価（本体3,000円＋税）　電子版（本体3,000円＋税）

※電子版は ぎょうせいオンラインショップ 検索 からご注文ください。

一歩先の弁護士業務が身につく！

- ■ 法律理論や解説的な叙述は最低限にとどめ、ノウハウや実践経験の叙述に徹底。弁護士共通の悩みや不安、疑問を丁寧に切り出し、わかりやすく解説しています。
- ■ 現場において留意するポイントは何か、現場では何をすべきか、どういうことで失敗するのか―若手から中堅、ベテランまで、明日の実務に役立つヒントが詰まった一冊です。

株式会社 ぎょうせい

フリーコール **TEL：0120-953-431** [平日9～17時] **FAX：0120-953-495**

〒136-8575 東京都江東区新木場1-18-11　https://shop.gyosei.jp

ぎょうせいオンラインショップ 検索